JN044928

# 比較経営研究 第48号

日本比較経営学会 編

ISSN1882-0670

Japan Association for
the Comparative Studies
of Management

# 地政学的緊張と中国・アジアの企業経営

文理閣

**第 48 号学会誌編集委員会**

委 員 長　細川　　孝（龍谷大学）

委　　　員　高久保　豊（日本大学）

　　　　　　根岸　可奈子（宇部工業高等専門学校）

　　　　　　藤原　克美（大阪大学）

　　　　　　森原　康仁（専修大学）

　　　　　　横井　和彦（同志社大学）

# 巻頭言

　ここに『比較経営研究』第 48 号が完成いたしましたので、日本比較経営学会の会員や一般読者の皆様にお披露目させていただきます。掲載されている論文は、2023 年 5 月 12 日から 14 日に岐阜大学で開催された日本比較経営学会全国大会での報告、ならびに討論者やその他の方々との質疑応答でブラッシュアップされたものとなっております。さらには査読者による査読を受けて掲載が許可された論文も含まれております。

　2022 年 2 月 24 日にロシアがウクライナに軍事侵攻を開始して、2 年近い歳月が流れました。このような事態にも影響を受けて、経済面でも一次産品の価格上昇やサプライチェーンの混乱など、様々な影響を及ぼしており、今後の動静が気になるところです。また世界情勢を見ても、パレスチナとイスラエルの問題が再燃しており、こちらも世界経済に与える影響は小さくないといえます。私が沖縄で大学教員を務めている関係から、これらの諸現象は平和裏に解決してもらいたいと願ってやみません。もちろんこうした紛争には「軍産複合体」や、廃墟と化した地域への「復興」を見据えた企業の戦略や思惑にも着目されなければならないでしょう。特に前者の場合は、欧米の上場企業の公開情報を見る限りでは、破格の役員報酬が支払われていることに着目されなければなりません。経営環境や会計年度にも依りますが、日本の大卒正規雇用者の生涯所得を上回る役員報酬が 1 年間で支払われることは、責任の重さや生産性の違いなど、比較対象としては不適切かもしれませんが、これらの一部が紛争や戦争で使用された武器や兵器から得られた利益の一部が経営者や株主に還元された結果であることは事実です。私たちの生きる社会の矛盾（そして格差）が露見されます。

　他方では、3 年あまりにわたって世界に猛威を振るい、私たちの日常生活までも震撼させてきた新型コロナウィルス感染症（COVID-19）が我が国でも 2023 年 5 月 8 日より 2 類感染症から 5 類感染症へと引き下げられ

たことに伴って、経済活動も 2020 年以前のような復活を遂げつつあります。コロナウィルス感染症の初期には感染症の歴史から学ぶべき事例として「スペインかぜ（H1N1 亜型インフルエンザの総称）」が取り上げられる機会がありました。1918 年から 1920 年にかけての感染拡大が続き、当時の世界人口約 19 億人の 30% 程度人々が罹患したようです。奇しくも今回とほぼ同じ期間の流行となったといえます。約 1 世紀の間に、感染症の重症化を抑えるワクチンが開発され、次第に接種も広がりつつも、他方では移動手段の発達によって人流の拡大が活発化したことに伴って、1 世紀前と同じ感染期間となりました。もちろん、2023 年 12 月現在も収束（終息）が出されたわけではないことにも留意を要します。

　世界の紛争やコロナウィルス感染症という 2 つの事象を理解する時、私たちはそうした諸現象には、幸か不幸か AI（人工知能）がその役割を果たしてきたこともまた事実です。世界の紛争では「軍事合理性」の名の下で、効率的な兵法や戦法が編み出されました。また、コロナウィルス感染症の場合では、人流による感染シミュレーションなども行われ、予知と対策に貢献しました。他方では、「医産複合体」の存在も指摘されるべきで、コロナウィルスワクチンの開発や販売を通して寡占状態から生み出される利益がより一層の「格差」を生み出したのかもしれません。テレワークやワーケーションなどの流行に表現されるような「新たな常態」（いわゆるニューノーマル）が次々と編み出され、これらに関連する企業の逞しさを思い知らされてきました。

　上記のような世界情勢を巡って本学会でも IoT やインダストリー 4.0 を取り上げる機会がありましたが、これらは先の軍事合理性ではなく、持続可能でよりよい世界のために利用されるべきものであります。たとえば、紛争地域における無人航空機（爆撃機や偵察機）、無人潜航艇、無人水上艇そして無人地上車両などから、買い物困難地域への無人配送車両や無人航空機などの平和利用が推進されるべきです。紛争地域での当事者には、それぞれに大義があるにせよ、武器から話し合いに、そして憎しみから慈しみへと変革してもらいたいものであります。

　このような激動の時代の中、日本比較経営学会では、新自由主義の流れ

に抗うがごとく新しい社会を模索してきました。その新しい社会に対して本書は、中国や資本主義諸国からの事例を初めとした統一論題を基礎とした論文、さらに昨今、注目を集め始めた労働者協同組合やドイツの事例を取り上げた自由論題報告を基礎とした論文などが収録されております。そもそもSDGs（持続可能な開発目標）とは「行き過ぎた」資本主義である新自由主義への歯止めとすべき取り組みであり、看過できないものであります。こうした壮大な開発目標をも意識した論文や書評などが収録されました。

　以前にも増して本号は、これまで半世紀近く構築されてきた研究姿勢や批判精神を墨守しつつ、充実度を高めてきました。学会創立50年という節目が目前に控えていることから、以前にも増して研究の進化と深化を図っていきたいところです。微力ながら、持続可能な日本比較経営学会のために職責を全うさせていただきますので、引き続きご理解とご協力をよろしくお願いいたします。

　以上、簡単ではありますが、巻頭言とさせていただきます。


2023年12月18日

　　　　　　　　　　　　日本比較経営学会

　　　　　　　　　　　　　　理事長　　村上　了太

# 目　次

特集によせて

# 地政学的緊張と中国・アジアの企業経営

小西　豊（第 48 回全国大会・プログラム委員長）

　本特集は、2023 年 5 月 13 日〜14 日に国立大学法人東海国立大学機構・岐阜大学地域科学部にて開催された日本比較経営学会第 48 回大会の統一論題「新自由主義的経営実践のリセット―中国とインドの企業経営―」で報告された招待論文が収録されている。ただし、インドに関する報告はご本人からの辞退があり、本特集では収録できなかった。この統一論題企画の趣意書は以下の通りである。

　「2010 年代からの世界は、われわれが予見できなかった『パンデミックと戦争の時代』に突入した。『パンデミックと戦争』は、われわれが所与としてきた経済のグローバリゼーション、グローバル・サプライ・チェーン、バリュー・チェーンに対する疑義を突き付けている。つまり、われわれは当たり前のように、『よそ者』とつながることで企業の競争力や国民所得の引き上げをおこなってきたのだが、米中貿易戦争では分断（デカップリング）現象が表出し、トランプ政権時代には中国 IT 企業に対する輸出規制という保護主義の台頭も記憶に新しいところである。これまでの新自由主義的経営実践がグローバル・リスクを内包しており、『パンデミックと戦争』はその見直しを迫っていることもまた事実である。

　日本比較経営学会は設立以来一貫して、企業・経営システムを社会のあり方と関連づけて究明してきた。これまで、第 46 回大会（2021 年、立命館大学）では、株主資本主義批判を企業支配、投資ファンド、地域共同性を重視した経営、企業パーパス論の視点から分析した論文が公表された。

続いて第47回大会（2022年、新潟薬科大学）では、前年度の理論的構造的な分析を受けて、異なる価値・倫理・道徳、信頼・信認、社会性を内在化した企業・経営システムを中国ICT企業、イスラーム経営、日本のコーポレート・ガバナンス制度史、ロシア国家主導資本主義下の企業社会に関する論文が発表された。

本会では3年間ごとに統一論題の企画コンセプトを検討し、研究大会における議論の連続性を担保しうる課題設定を行ってきた。第48回大会（2023年、岐阜大学）は、『ポスト株主資本主義の企業経営システム』を比較経営アプローチ（国別、産業別、セクター別、企業別）から展望する大会企画の最終年度となる。

第48回大会で改めて、『新自由主義的経営実践のリセット』の意味を以下のような観点から問い直したいと考えている。巨大コンサルティング会社 Price Waterhouse Coopers によると、世界のGDPに占める中国の割合は2016年の18％から2050年には20％へ増加、インドは7％から15％に急増し、世界経済に占めるインドのプレゼンスはますます大きくなることを予想している。今回は中国、インドの企業経営システムを比較検討することで、新興市場諸国の企業経営システムの光と影に焦点をあてることを試みたい。

具体的な企画内容としては、まずはマクロ的視点から中国国有企業改革の持続可能性を取り上げ、つぎにミクロ的視点から生産関係と労使関係の現場からの苦悩と工夫を考察する。さらに、インドの企業経営システムにフォーカスすることで、中印の比較企業経営分析を試みたい。最後に、米中貿易戦争やロシア・ウクライナ戦争後の国際情勢をも視野に入れて、世界経済のなかで中国の企業経営システムがどこへ向かっているのかを展望できるような企画にしたいと考えている。」


本特集では、中国国有企業と経済経営システムに関して論究した中屋信彦論文、中国の労使関係を現状分析した竇少杰論文、米中地政学の緊張関係のもとでのサプライチェーン問題をフォーカスした森原康仁論文の3論文で構成されている。

　コロナ禍下の3年間、株主資本主義を批判し、ポスト資本主義の経営を模索してきたわけだが、わたしたちのアソシエーションの紐帯である「批判的に企業と社会のあり方を分析し、より良い世界と社会を構築するための経営学を創造するために貢献すること」に関しては、漸進的に貢献できたのではないかと考えている。


（こにし　ゆたか／岐阜大学)

# 旋回する中国の社会主義市場経済

中 屋 信 彦

## 1. はじめに

　「『中国的特色のある』新自由主義」（Neoliberalism 'with Chinese Charac-teristics'）――経済地理学者のデヴィッド・ハーヴェイは、新自由主義の起源と世界的伝播を叙述した『新自由主義――その歴史的展開と現在』（2005 年、邦訳 2007 年）において、中国に独立した一章をあて、このように題している。ハーヴェイは社会主義に造詣が深いマルクス主義者であるから、中国を資本主義と同列に捉えるような単純な議論を展開しているわけではない。鄧小平による改革開放政策の開始とサッチャーやレーガンの権力掌握の時期的な符合（1978～80 年）に「世界史的な意義を持つめぐり合わせ」を見出し――国際貿易に関する新自由主義政策が中国に世界市場参入の空間を切り開いた――、中国が進めた改革開放政策のなかに「権威主義的な中央集権的統制」と絡み合った「新自由主義的な諸要素」の組み込みを認めて、そのように題したにすぎない。確かに中国の改革開放政策には、人民公社の解体や国有企業の株式会社化、公有制部門労働者の実質的な賃金労働者化、医療・教育の受益者負担化、外国資本の大量受け入れ、大規模なプロレタリア化と巨大な労働予備軍の形成、「所有と報酬のシステム」や横領・私物化等を介した幹部への富の集中、社会的不平等の拡大といった、「新自由主義化と階級権力の再構築」を感じさせる要素が数多く存在した。これらを捉えてハーヴェイが「中国的特色のある社会主義」を「『中国的特色のある』新自由主義」と揶揄したことは決して不当なことではない。

　とはいえ、中国の体制規定を巡っては、その後、「国家資本主義」論が大流行する。イアン・ブレマーの『自由市場の終焉——国家資本主義とどう闘うか』（2010年、邦訳2011年）が契機であった。ブレマーは21世紀初頭に台頭した特異な体制、すなわちアラブ君主国やロシア、中国などにみられる「政府が経済に主導的な役割を果たし、主として政治上の便益を得るために市場を活用する仕組み」を「国家資本主義」と定義し、中国に最大の紙幅を割いて、巨大化した国有企業や政府ファンドの動きを批判的に分析した。この体制規定は経済紙誌の支持を得たこともあって現在主流になっているが、だからといってハーヴェイの揶揄が意味を失ったわけではない。「国家資本主義」と称された社会主義市場経済には、新自由主義そのものではないにせよ、その内面に「新自由主義的な諸要素」が強烈に存在し、急速な経済発展の原動力ともなっていたからである。

　しかし、そうした「内なる新自由主義」も、2012年に保守派の習近平が権力を掌握して以降は、「リセット」の動きがみられるようになった。習近平政権は、一方では市場原理主義を錯覚させる「市場に資源配分の決定的な役割を果たさせる」方針を掲げ[1]、1992年以来の市場化の過程で隆盛・発展した民営企業や外資企業、株式会社化された国有企業に肯定的な評価を下してはいるものの、他方では「反腐敗」運動を苛烈に展開し、GDP成長至上主義を否定し、経済を突出させない「五位一体」型発展を強調し、「初心忘れるべからず」の原点回帰運動を推進し、「先に豊かになれる者から豊かになる」段階に終止符を打って、「共同富裕」の実現に政策の重心を移している。社会主義市場経済を掲げる中国の台頭は、そのこと自体が新自由主義をベースとする「ワシントン・コンセンサス」に対抗軸を構築する世界史的大事件であったが、その中国が「内なる新自由主義」を「リセット」して社会主義市場経済を旋回させ始めたことの意味は大きい。

　本稿では、本学会が第48回全国大会のテーマに掲げた「新自由主義的経営実践のリセット」を考察するうえで重要な意味を持つ中国の社会主義市場経済の旋回に焦点をあてる。そして、「国家資本主義」と「『中国的特色のある』新自由主義」が交差する国有企業に分析の重点を置いて、習近平政権2期10年（2012年〜22年）の旋回の実態を探ることにしたい。

## 2. 社会主義市場経済の旋回と「内なる新自由主義」

### (1) 社会主義市場経済の旋回

　2012年11月の第18回党大会に始まる習近平政権1期目の5年間は中国の改革開放史を画する重要な転換点であった。中国が1978年以来進めてきた経済成長と西側先進諸国へのキャッチアップを優先する改革開放路線──それがために汚職や格差、拝金主義などの副産物にはさしあたり目を瞑る──の軌道修正を開始したからである。政権発足直後の2012年12月に幹部の「役得」であった贅沢行為や権威誇示の悪弊を取り締まる「贅沢禁止令」を発布し[2]、2013年1月の「虎も蠅も叩く」演説（党中央紀律検査委員会第2回総会）を経て、5月から幹部の汚職や不適切行為を摘発する「巡視工作」を展開するようになった[3]。同年12月には中国経済を飛躍的に成長させる人事上の仕掛けであったGDP重視の幹部業績評価方法を否定し[4]、経済だけでなく、政治や文化、社会、環境への取り組みを総合評価する「五味一体」型の評価に転換している。2015年には胡錦濤政権から受け継いだ貧困撲滅運動を拡充し[5]、精度を高めつつ人材や予算を集中投下して、貧困の一掃を図った。そして2016年夏から共産党に政治的原点回帰を促す「初心忘れるべからず」運動を開始し[6]、政権2期目を迎えた2017年10月の第19回党大会で「中国の特色ある社会主義」の「新時代」を宣言して[7]、「共同富裕」の実現に政策の重心を移している[8]。

### (2) 国有企業改革の軌道修正

　こうした旋回のなかで、2015年夏に本格化したのが国有企業改革の軌道修正であった。同年8月に党中央委員会と国務院の「連合文書」の形式で「国有企業改革の深化についての指導意見」を発表し、矛盾を是正して国有企業を新たな発展パターンに乗せる改革プランを提示している。新華通訊社の評論員には、「指導意見」が習近平時代の国有企業改革の「総綱領」であると大々的に論評させた[9]。

　社会主義市場経済の旋回のなかで国有企業改革の軌道修正が開始された

ことの意味は大きい。国有企業はその影響力の持続によって社会主義市場経済を新自由主義の対抗軸に台頭させる原動力の役割を果たしたからであり——国有企業の影響力の持続によって中国共産党は民営企業や外資企業を大規模に発展させることができる政治的余地を得た——、それゆえ中国が「国家資本主義」と規定される根拠でもあったからである。加えて国有企業は共産党にとっては「社会主義の重要な物質的基礎、政治的基礎」であるというイデオロギー的に重要な存在であり、そうでありながら市場経済化のもとで増収増益や規模拡大を最大限に追求する極端な業績管理を行った結果、過度な営利主義や労使関係の緊張、権限の集中を得た幹部の独断専行、汚職など、無視できない矛盾を蔓延させていたからである。

## （3）新自由主義の対抗軸としての中国国有企業

国有企業改革の軌道修正の意味の大きさを把握するために、2020年末現在のデータによって国有企業の影響力の大きさを確認しておこう。

中国の国有企業は、2020年末現在、非金融の企業だけで268.5兆元（約4154兆円）もの資産を有している。日本の上場企業の約3倍に相当する巨大さである。金融企業は323.2兆元（約5000兆円）の資産を有している[10]。

国有企業が多く分布する産業は、総資産ベースでみた場合、資金供給の要となる金融業のほか、社会サービス業（86.6兆元）、鉱工業（85.4兆元）、不動産業（50.9兆元）、交通・運輸・倉庫業（50.4兆元）、機関・社団（43.2兆元）、建設業（40.4兆元）などである。鉱工業の内部では、電力（22.6兆元）や石油・石油化学（11.9兆元）、自動車などの機械（9.4兆元。自動車は3.9兆元）、鉄鋼や非鉄金属などの冶金（8.7兆元）、石炭（7.9兆元）などに多く分布している[11]。

産業に占める国有企業のシェアは、測定が容易な鉱工業の総資産で見た場合、エネルギー部門で高く、素材や輸送機などでも比較的高いが、アパレルや食品、紡織などの軽工業では低い。建設は2015年のデータで総生産額の3割程度を占め、通信は同じく回線数で寡占、銀行は同じく政府が筆頭株主の上位18行だけで資産の7割程度を占めている。航空や海運など交通でも同様に高いシェアを占めている[12]。

企業規模で見た場合、ビッグビジネスは基本的に国有企業が主体である。2019年に売上高が1兆元を超えた8社はすべてが国有企業であり（銀行3行、石油2社、送電、建設、保険各1社）、5000億元から1兆元未満の27社でも23社が国有企業であった。これらを含め、売上高が1000億元を超える224社の4分の3が国有企業である[13]。

　このように中国経済において大きな影響力を有する国有企業は、民営部門の拡大によって徐々に相対化されつつも、絶対的な拡大を遂げてきた。国有企業の総資産は21世紀に入ってから20年間で16.8倍に拡大している（図1）。特にここ10年は地方政府系の国有企業の拡大が大きく、産業別では社会サービス業や不動産業、建設業の伸びが目立った（図2）。

　国有企業の経営状態は、民営企業ほどの貪欲さは望めないにせよ、市場経済のなかで企業として存続可能な水準は維持している（図3）。1990年代末から経営状態を急回復させたあと、エネルギーや素材価格が高騰した

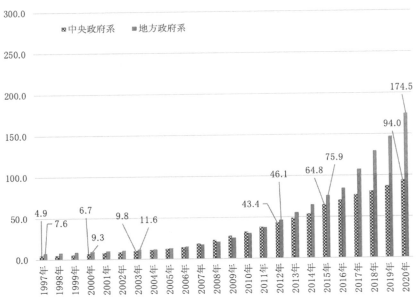

**図1　国有企業の総資産（非金融、兆元）**

出所：『中国財政年鑑』各年版より作成

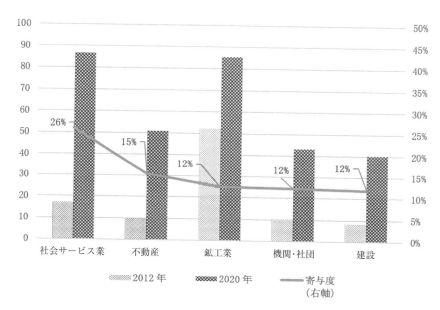

**図2　産業別国有企業総資産の拡大と寄与度（兆元、%）**
出所：『中国財政年鑑』各年版より作成

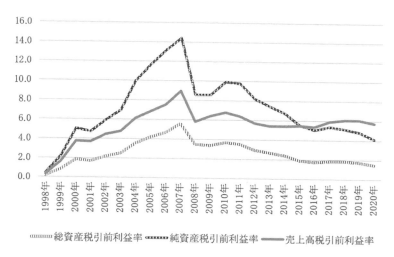

**図3　国有企業の利益率推移**
出所：『中国財政年鑑』各年版より作成

2000年代後半には高い利益率を叩き出した。その後も売上高利益率は5～6%の水準を維持している。総資産利益率は低下傾向ながら長期に渡ってプラスの状態を維持し続けており、資金繰りも流動比率が100%を上回るなど安定している。資産負債率も60%台で安定している。産業別では、近年その規模が拡大した上記の三産業が全体の足を引っぱっているが、経済発展を牽引した鉱工業はまずまずの水準を維持している[14]。

### （4）国有企業の「内なる新自由主義」

　国有企業改革の軌道修正をみるうえで重要なことは、こうした国有企業の影響力の持続や規模の拡大が基本的には社会主義市場経済下の国有企業改革の結果として実現されたということである。そして、そこには新自由主義そのものではないにせよ、新自由主義のそれを彷彿とさせるような諸要素、例えば国家計画生産から市場生産への完全移行や、有期雇用契約への完全転換、医療・年金・社宅や福利厚生の市場化・保険化、膨大な数の中小零細国有企業の払い下げと余剰人員の整理解雇、利益計上重視の成果主義、株主価値や企業価値等の最大化目標の追求、幹部の権限拡大と合法・非合法の蓄財などの、国有企業版の「内なる新自由主義」が内包されていたことである。

　軌道修正前の国有企業の拡大と影響力維持のメカニズムについては、中屋信彦（2022b）において詳しく分析した。要約すれば以下の3点となる。

　第一に、国有企業の株式会社化による資金調達ルートの拡大である。国有企業の株式会社化が通常想定されるような赤字国有企業の私有化・民営化としてではなく、優良国有企業（あるいは大手企業の優良工場）の設備投資資金の調達を目的として行われた結果、時価発行増資の恩恵も享受して、政府の大株主支配を維持したまま、国有企業の規模拡張が実現された。株式会社本来の機能は資金調達であるから、時価発行を活用した焼け太り的な増資は資本主義企業であれば当然の行動であるが、政府が創業者としてそれをやってのけたところに中国の改革の大胆さがある。

　第二に、国有企業の「選択と集中」であった。革命以来維持してきた、あらゆる産業に国有企業を配置する全方位支配型の公有制政策を放棄し、

国民経済の支配拠点となる重要産業や大手企業に国有企業を集中配置する「瞰制高地」支配型の公有制政策に移行したことである。これに伴い膨大な数の中小零細の国有企業や軽工業の国有企業が民間に払い下げられ、民営企業として活性化が図られた。政府が制圧する「瞰制高地」は1999年に①国家の安全に関わる産業と②自然独占の産業、③重要な公共財・サービスを提供する産業、④基幹産業とハイテク産業の重要基幹企業であると宣言され、その後、2006年12月に国務院国有資産監督管理委員会（国務院国資委）主任が新華通訊社の取材に答える形で、具体的な支配対象を示唆している（発送電、石油・石油化学、通信、航空など7産業と、自動車、IT、建設、鉄鋼など9産業の重要企業。さらに、国資委所管外の金融、鉄道、郵便を配信記事が特記）。

　第三に、国有企業の「国家資本」化改造、すなわち「政府所有の擬似的な産業資本」への改造であった。政府の所有支配を維持しつつも、政府の直営工場から会社法に基づく法人＝会社（有限会社や株式会社）に改組し、企業会計を貸借複式簿記に切り替え、資産再評価を経て資本金を正式に設定した。国家計画生産を全廃して市場ベースの生産に移行し、設備投資資金も自主調達（留保利益、銀行借入金、株式公募）が主体となり、労働者の就業には身分保障のない有期雇用契約制を全面的に導入した。ガバナンスは政治優先のものから経済発展優先のものに変化し、かつて国有企業の重要決定に関与した党委員会は1980年代後半から役割が政治・イデオロギー工作に限定されて、取締役会会長や総経理、総工程師、総経済師、総会計師といった企業テクノクラートが重要決定を担うようになった。その報酬には利益水準に連動した年俸制の採用が推奨された。そして厳格な業績評価によって目標利益の計上を必達とする目標利益・目標原価管理の普及を進め、1997年から2001年にかけては労働者の4分の1に相当する2550万人以上の余剰人員の整理解雇に踏み切っている。かつて国有企業が担った年金や教育、医療、住宅などは国有企業から分離して行政や保険、個人に移管した。そのうえで、かつては産業省が特性に合わせて管理していた国有企業を国資委のもとに統合し、2004年から幹部の経営業績評価に統一基準を導入して国有企業の増収増益と規模拡大を煽った。

その際、国有企業に課された目標は①持続可能な発展と②国有資産の維持増殖、そして③資本収益最大化（2004 年〜09 年）や株主価値最大化（2010 年〜12 年）、企業価値最大化（2013 年〜15 年）などの最大化関連のものであった。年次評価は税引前利益や ROE, EVA などの達成度合いがウエイトの 7 割を占め、任期評価は国有資産の維持増殖率や売上高伸び率などの達成度合いが 6 割を占めた。以上の改造が資本主義企業においてではなく、社会主義を掲げる政府の大株主支配のもとで実行されたわけである。

## （5）発展のなかの矛盾

　中国は、以上のような奇策によって公有制の影響力を維持することに成功し、それによって民営企業や外資企業を発展させる政治的余地を得て、独特かつ急速な経済発展を遂げてきた。しかし、そのために国有企業の労使関係を複雑化させるという重い代償を払わざるを得なかった。合理化と整理解雇によって収益性を急速に改善させた 90 年代末から 2000 年代前半にかけては国有企業で集団争議が多発し、その後も個別紛争が高止まりを続けた[15]。また、合理化を進めるために経営幹部の権限を拡大し、労働者を身分保障のない有期雇用契約制に転落させた結果、幹部の独断専行が横行するようになり、権限を乱用して過大な報酬を受け取ったり、人事や取引を巡って賄賂を受け取ったり、横領等によって不正蓄財に走る幹部が増加した。さらには「一刀両断」の業績評価基準によって拡大と増収増益を煽った結果、目標達成のためには手段を選ばない風潮が国有企業に蔓延し、原子力発電や宇宙開発、石油採掘といった分野の国有企業がせっせと副業のマンション開発に勤しんだり、国有企業の間でホテル経営が流行したり、各種デリバティブ投資に手を出す国有企業まで相次いだ。『南方日報』評論員は、「中央政府系の国有企業が儲け始めたかと思ったら、商売人のまなざしで利益のチャンスを探し続けた。見渡せば不動産市場や株式市場が活況を呈している。手元には資金が存分にある。そして『正業軽視』が現れた」などと揶揄している[16]。国務院国資委もこれにはさすが困惑し、国有企業の「営利性の使命」と「公益性の使命」のバランスに混乱が生じていることを認めざるを得なかった（編写組編著（2016）、53 頁）。

## 3. 国有企業改革の軌道修正プラン

　こうした混乱のなかで2015年に策定されたのが「国有企業改革の深化についての指導意見」であった。8章30項目からなる文書であり（表1）、改革項目は多岐にわたるが、本稿の課題に即して整理すれば、①「内なる新自由主義」を「リセット」して混乱の収拾を図る改革群と、②公有制の維持・活性化に関わる改革群、③その他に分けて捉えることができる。

### （1）「内なる新自由主義」を「リセット」する改革群

　「内なる新自由主義」を「リセット」する改革に分類し得るのは、①国有企業の機能分類（改革項目の4〜6）と②ガバナンスの健全化（同8）、③報酬分配の適正化（同10）、④監査と責任追及の強化（同20〜23）、⑤党の領導の再強化（同24〜26）などである。

　このうち、筆頭項目ともいえる国有企業の機能分類は、「一刀両断」の業績評価が国有企業を過度な営利追求や副業に走らせた矛盾に対処する改革であり、報酬分配制度改革と密接に連動したものであった。公益分野の国有企業が過度な増収増益や規模拡大の圧力に晒されることのないように国有企業を公益類と商業類に区分し、さらに商業類を一般競争分野のⅠ類と安全保障・瞰制高地分野のⅡ類に細分類して、それぞれに適した評価基準と所有政策を適用することを計画した。具体的には、①公益類は政府の所有支配を主体として、原価抑制や安定供給等を重点評価し、②商業Ⅰ類は幅広い出資支配形態を可能にして、「稼ぐ力」と国有資産の維持増殖、市場競争力を重点評価するが、③商業Ⅱ類は民間資本を導入しつつも政府の所有支配を主体として、「稼ぐ力」や国有資産の維持増殖を評価すると同時に、国家戦略の達成を重点評価するという計画であった（図4）。

　また、政治のコントロールによって「内なる新自由主義」の混乱を収拾する観点から、党の領導の再強化が計画された。合理化を進めるために企業内党組織の役割を「領導」から「保証・監督」に後退させたことが経営幹部の汚職や暴走の温床になったという認識によるものであった。そのた

## 表1 「指導意見」の構成

| 章 | 改革項目 | 主な内容 |
|---|---|---|
| 1. 総体要求 | （1）指導思想<br>（2）基本原則<br>（3）主要目標 | |
| 2. 国有企業改革の類型別推進 | （4）国有企業の機能分類<br>（5）商業類国有企業改革の推進<br>（6）公益類国有企業改革の推進 | 国有企業の機能分類 |
| 3. 近代的企業制度の徹底 | （7）会社制・株式制改革の推進<br>（8）ガバナンス健全化<br>（9）領導幹部の分類分層管理制度の確立<br>（10）社会主義市場経済に適した報酬分配制度の実行<br>（11）人事制度改革の深化 | 国有企業の会社化の完成<br>経営幹部の独断専行の抑止<br>報酬の適正化 |
| 4. 国有資産管理体制の完備 | （12）資本管理を基軸とする国有資産監督管理機構の職能転換の推進<br>（13）同、国有資本授権経営体制の改革<br>（14）同、国有資本の合理的流動・布陣改善の推進<br>（15）同、経営性国有資産の集中統一監督管理の推進 | 国有企業のファンド管理 |
| 5. 混合所有制セクターの発展 | （16）国有企業の混合所有制改革の推進<br>（17）国有企業改革への非国有資本の誘導<br>（18）各種方式による非国有企業への国有資本の出資の奨励<br>（19）混合所有制企業の従業員持株の探索実行 | 民間資本の動員<br>民営企業への国有資本注入<br>官民連携 |
| 6. 国有資産の流失に対する監督の強化 | （20）内部監督の強化<br>（21）健全かつ効率的で協調的な外部監督メカニズムの確立<br>（22）情報公開による社会監督の強化<br>（23）厳格な責任追究 | 監査の強化<br>情報開示<br>経営責任追及 |
| 7. 党の領導の強化と改善 | （24）国有企業党組織の政治的核心の役割の十分な発揮<br>（25）国有企業の領導グループ育成と人才育成のさらなる強化<br>（26）国有企業の反腐敗と清廉の「二つの責任」の適切な実行 | 政治的ガバナンスの再強化 |
| 8. 国有企業改革の良好な環境の創造 | （27）関連の法律・法規と付帯政策の完備<br>（28）社会運営機能の分離加速と歴史的経緯に起因する問題の解決<br>（29）改革創新を促す気運の醸成<br>（30）国有企業改革に対する組織的領導の強化 | |

出所：中共中央・国務院「関於深化国有企業改革的指導意見」より作成

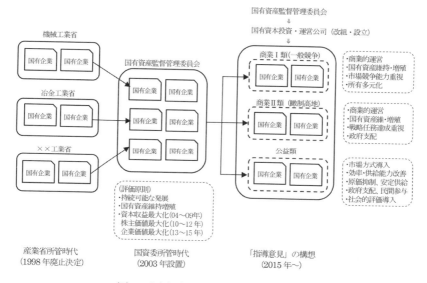

**図4　国有企業の類型別改革概念図**

出所：「中央企業負責人経営業績考核暫行弁法」、「関於深化国有企業改革的指導意見」等
をもとに筆者作成

めに経営幹部が法的に拘束される会社定款に党の領導に関わる事項を書き
込ませ、企業内党組織の設置や党幹部と会社役員の兼任、活動経費の会社
負担、重要決定時の党への事前相談などをコンプライアンス化して、政治
的ガバナンスを現代風にアレンジして回復させることを計画している[17]。

## （2）公有制の維持・活性化に関る改革

　一方、今後の公有制維持・活性化に関る改革に分類し得るのは、国有企
業のファンド管理（改革項目の12〜15）や混合所有制セクターの発展促
進（同16〜19）などである。
　国有企業のファンド管理については、2タイプの国有ファンドの創設が
構想された。「瞰制高地」分野を中心に戦略投資を行う国有資本投資公司
と、国有資本の運用・増殖を図る国有資本運営公司である。これらが政府
機関の国有資産監督管理委員会に代わって国有企業の出資主体になること

により、国有企業を資本ベースで管理できるようにして、機動的な産業再編と国有資本の増殖を図ることが計画された。国有資本投資公司は既存の国有独資企業グループを選んで改組により設立し、国有資本運営公司は商業類国有企業の所有権売却益や国有資本経営予算からの資本注入によって設立することが予定された。

　また、官民の資本が共同出資するタイプの混合所有制セクターの発展促進も構想された。民間の資金を証券市場から動員する既存の上場企業に加え、①国有企業に民間の戦略的投資家を招き入れたり、逆に②国有企業が民間企業に出資したり、③官民連携を発展させることなどを計画している。国有企業や政府が不得手とする分野に民間資本を動員したり、活力ある民間企業に投資して国有資本を強化・増殖することが期待された[18]。

## (3) 鄧小平路線の踏襲と旋回

　以上のように、「指導意見」は直接的には「内なる新自由主義」の矛盾に対処するために構想された改革であるが、「リセット」に分類し得る改革を含むとは言っても、すでに廃止した国家計画生産に回帰したり、民間に払い下げた国有企業を大規模に再国有化したり、有期契約に転換した労働者の身分を終身雇用制に戻したりすることを構想したものではない。また、労働者の経営参加を実質的なものにしたり、福利厚生を高度に充実させたりすることを現段階で打ち出したものでもない。現行の市場経済や会社形態の枠組を継承し、依然必要とされる経済発展を持続させるために、「稼ぐべき」国有企業には引き続き営利追求を促し、成果主義も基本的には肯定し、国有ファンドや混合所有セクターなどの市場ベースの手法を活用することを構想したものである。ただし、さまざまな矛盾をもたらした成長至上主義については否定し、機能分類や報酬分配制度の改革、政治的ガバナンスの再強化によって混乱を収拾して、「内なる新自由主義」にブレーキをかけようという意思は鮮明である。そういう意味で、「指導意見」は鄧小平が方向付けた国有企業改革路線を基本的に踏襲するものではあるが、各分野の社会主義市場経済の旋回と連動しながら、矛盾を踏まえて国有企業改革の軌道修正を図るものであると捉えることができるだろう。

## 4. 軌道修正の実際と課題

　では、軌道修正はその後どこまで展開されたのであろうか？

　「指導意見」は当初 2020 年を達成の目途として立案されたものであった。しかし、調整や実施に難航した改革項目が存在した模様で、2020 年 6 月に「国有企業改革三年行動計画（2020 - 2022 年）」が策定され（提起は前年末）、事実上 2022 年まで延長されている。一部は現在なお重要性が説かれるなど未完の状態にあるが、国務院国資委の党委員会が 2023 年 3 月 19 日に「国有企業改革三年行動の経験の総括と未来への展望」を人民日報社の『人民論壇』に発表したことを区切りとみなして成果を確認することにしよう[19]。

　「総括と展望」は公式発表の常として各方面の「戦果」を列挙している。しかし、その説明の強弱や関連情報を総合して判断すると、実際に成果が顕著であったのは「内なる新自由主義」の「リセット」に関わる改革であった模様である（以下、情報を総合して成果を整理）。特に幹部の汚職や不正蓄財、独断専行にブレーキをかける改革は、中国にとっては歴史的にある程度経験済みの改革であったこともあって、所期の目的をほぼ達成した。重大経営責任の終身追及制度の導入や取締役会における外部取締役の多数化が進み、国有企業の定款も 2017 年 1 月から 5 月にかけて発出された一連の通知によって順次改訂されて、政治的ガバナンスの各条項が大半の国有企業の定款に盛り込まれている[20]。そのうち重要決定時の党への事前相談義務については 2019 年制定の「国有企業基層組織工作条例（試行）」によって相談事項の明確化が図られ、国有企業のグループ本社と重要子会社のすべてで相談目録（「前置研究清単」）の作成が行われた。

　儲け主義の副産物であった副業も整理が進み、中央政府系企業では本業投資比率と本業に従事する子会社の比率がともに 90％を上回るまでになった。付随して、国有企業に残存していた社宅エリアの電力・ガス・スチーム供給事業や建物管理事業（「三供一業」）の分離移管も完了している。

　成長至上主義の見直しも、国有企業の機能分類の導入と幹部経営業績評

価の見直しによって進展が見られた。中央政府系企業の分類は 2016 年 6 月末までに完了し、地方政府もそれぞれのアレンジによって分類を進めた。中央政府は分類結果を公表していないが[21]、重慶市は自動車や鉄鋼、建設など 16 社を「商業Ⅰ類」に分類し、水道や銀行など 15 社を「商業Ⅱ類」に分類したほか、高速道路や土地開発など 9 社を「公益類」に分類している（2016 年 5 月版）。上海市は「指導意見」以前から実験を行っていたが、改めて独自の分類によって自動車や電機、医薬など 25 社を「市場競争類」に分類し、銀行や証券、保険など 6 社を「金融サービス類」に分類したほか、空港や地下鉄など 13 社を「機能保障類」に分類している（2019 年 8 月版）[22]。

　増収増益と規模拡大を煽った幹部経営業績評価の見直しも、中央政府系企業の評価基準の新版が 2016 年 12 月に発表され進展している。評価原則から新自由主義を彷彿とさせる「最大化」の文言が削除され（資本収益最大化、株主価値最大化、企業価値最大化など）、コンプライアンス経営や短期目標と長期発展の統一などの文言に置き換えられた。2019 年版からは推奨ベースではあるが「社会的責任」が追加されている[23]。新たな評価指標や配点についてはやはり中央政府版が不明であるが、地方政府版を見てみると、配点の「重み付け」によって機能分類に対応させたものが目立つ。例えば雲南省の場合、「商業Ⅰ類」企業には年度評価で税引前利益と EVA をミックスした指標を 50% のウエイトで課して増益を促す一方で、「公益類」企業には同様の指標を 20% のウエイトでしか課していない。

　もっとも、国有企業の機能分類と幹部経営業績評価の見直しについては着手が早かったにも関わらず改革は道半ばの模様である。なによりも中央政府版の詳細の非公表がその現実を如実に物語っている。中国の国有企業はもともと資本主義諸国の国有企業とは違って機能が多重的（経済、社会、政治）であり、特に大手の企業グループの場合は往々にして内部に複数の業種を抱えるなど経営が多元的であることが分類を難しくしている（王秀雲・葉其楚（2022））。このため機能分類は企業内部での分類が中心となり（李錦（2022））、例えば IT 大手の中国電子科技集団の場合は製造子会社を「商業Ⅰ類」に分類し、重要特別任務を担う一部の研究所とその

子会社を「商業Ⅱ類」に分類する一方で、産業全体に主要基盤技術を提供する技術革新型の子会社は「公益類」に分類したという（王倩倩（2021））。なお、商業類に分類された企業であっても拡大・増益の圧力は弱められた模様で、事例研究によって評価指標が例外的に把握できる「A社」（著者の所属から、同社は中国塩業集団有限公司で、「商業Ⅰ類」と思われる）の場合は、2013年の基準で合計70％の配点を占めた税引前利益とEVAが2019年には純利益とEVAを合わせて60％に緩和され、同じく国有資本維持増殖率も40％の配点から30％に緩和されている（蒋占華・仝岩・王清漪（2020））。こうした圧力の緩和を反映したためか、2015年頃からは国有企業の労働者1人当たり利益の伸びが平均賃金の伸びを上回ることが少なくなっている（図5−1、図5−2）。

　一方、国有企業のファンド管理や混合所有制セクターなど公有制の維持・活性化に関る改革は進捗がまちまちであった模様である。

　国有ファンドは一連の規定整備の後[24]、中央政府レベルでは2018年までに国有資本運営公司2社と国有資本投資公司19社のテスト企業が立ち上がった。地方政府レベルでも独自のアレンジによって立ち上げが進んだ。国資委の権限調整も進められ、中央政府レベルでは2017年4月に国務院国資委の26項目の権限が取り消され、9項目で移管が行われ、8項目で授権が行われている。中央政府系のテスト企業のうち国有資本投資公司

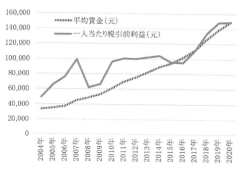

**図5−1　国務院国資委系企業の平均賃金および1人あたり税引前利益の推移**
出所：『中国財政年鑑』各年版より作成

の5社は2022年6月にテストを終えて正式に活動を開始した。このうち鉄鋼の中国宝武鋼鉄（旧・宝山鋼鉄）は、テスト企業に指定された直後に最大手の武漢鋼鉄を統合し、その後、中国の鉄鋼再編の核となって、地方政府系大手の馬鞍山鋼鉄や太原鋼鉄などを地方政府との合弁方式で次々に傘下に収めている（図6）。2020年にはグローバリズムの象徴であったミ

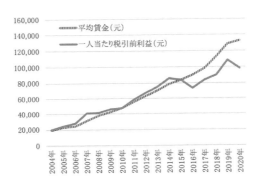

**図5-2　国務院各官庁系企業の平均賃金および1人あたり税引前利益の推移**
出所：『中国財政年鑑』各年版より作成

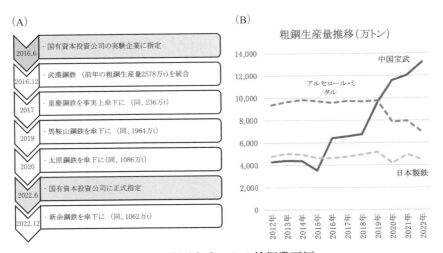

**図6　中国宝武による鉄鋼業再編**
出所：（A）各種情報をもとに筆者作成、（B）*World Steel in Figures* 各年版

タル・スチールを抜き、世界最大の鉄鋼持株会社に発展した。2017年に中央政府系2社を統合して成立した大手建設資材メーカーの中国建材集団（セメント、新素材、エンジニアリング）も2018年にテスト企業に指定された後、2021年に各地で買収を繰り返して大規模化を進めて来た傘下セメント各社への出資を集約し、世界最大手のセメント上場企業を成立させている。また、同社は新材料の産業投資ファンドも立ち上げた。中国宝武鋼鉄のような中央政府系と地方政府系の国有企業の経営統合は、同じ国有企業同士でありながら、人事や財務、地域発展の業績評価などの複雑な利害関係があって当事者の抵抗が強く、難航しがちであったが、成長至上主義の否定と国有資本投資公司の整備によって加速されることになった。とはいえ、国有ファンドは全体としてみれば試行錯誤の段階を脱していない模様である。同時に正式スタートしたその他3社はもとからのコングロマリット企業であり、これら5社以外は依然としてテスト企業のままである。国有資本運営公司の2社も2022年末にテストを終えたものの、「改革を深化させる段階」に位置付けられて、正式なスタートは宣言されていない。

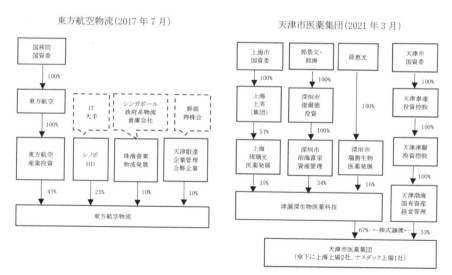

**図7　戦略的投資家の招き入れの事例**

出所：各社資料より筆者作成

他方、混合所有制セクターに関しては、戦略的投資家の招き入れの分野で一定の成果がみられた。航空大手の東方航空がIT大手のレノボやシンガポール政府系（当時）の国際物流会社を招き入れて物流子会社を立ち上げたほか、上海市系の上海実業が民間ファンドを招き入れて、上海市・天津市・深圳市に跨る医薬品産業の広域再編を進めている（図7）。しかし、民間企業への資本注入や「官民連携」については、実施件数こそ多いものの、目覚ましい成果を挙げるには至らなかった模様である。民間企業への資本注入では多数の民営上場企業を政府支配下に収めながら系統立った総括やモデル事例の発表がなく（PwC（2022））、精彩に欠く状態が続いている。「官民連携」に至っては民営企業が参加を敬遠したために地方政府系国有企業が「民」（「社会資本」）側で最多の連携相手となり、地方政府と地方国有企業との「官官連携」に変質している（図8）。

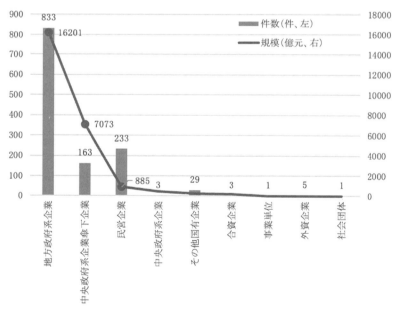

**図8　2022年のPPPにおける「社会資本」側の所有制**

出所：『2022年中国PPP市場年報』より作成

## 5.　おわりに

　以上のように、中国の経済体制の主力部隊である国有企業は、習近平政権が着手した社会主義市場経済の旋回のもとで、増収増益や規模拡大、資本収益・株主価値・企業価値の最大化など求めた「新自由主義的」な経営スタイルの軌道修正を進めている。

　国有企業に発展をもたらすと同時にさまざまな矛盾をもたらした「内なる新自由主義」は、成長至上主義の否定や汚職幹部の粛清、政治的ガバナンスの再強化によって「リセット」が進められ、安定の回復が図られた。

　しかし、同時に構想された国有ファンドなどの公有制の維持・活性化に関る新たな改革は、一定の進展を見つつも 2022 年現在なお道半ばの状態にある。国有企業の機能分類についても、国務院国資委研究中心の「中央企業高質量発展報告（2022）」が習近平政権 10 年の「三大突破」のひとつに掲げたとはいえ、依然、精緻化に余地を残している。このため習近平も、2023 年 2 月に『求是』に公表した文章（2022 年 12 月の中央経済工作会議における演説の一部）のなかで、情勢の変化を踏まえた「新たな国有企業改革行動計画」の策定に言及しながら、「機能分類」改革の堅持を強調しなければならなかった。

　中国は、米中摩擦をはじめとする中国包囲網のなかにあって、サプライチェーンを再編成し、チョークポイントの国産技術開発を進めるなど、「核心競争力」と「核心機能」を強化しなければならない厳しい情勢に直面している。また、2017 年に宣言した、建国百周年（2049 年）を目処とする「社会主義現代化強国」の建設と「共同富裕」の基本的な実現のためにも、引き続き「経済建設を中心」とする発展を追求する必要に迫られている。

　そのようななか、習近平は前掲の文章において、「機能分類」の次に「経済的責任と社会的責任の関係の処理」を挙げ、「社会的責任」を前面に打ち出した。そして、そのあとに国有企業のファンド管理に関する改革項目を列挙して、一群の革新型国有企業を編成する方針を示し、「中国的特色のある国有企業の現代的ガバナンス」を確立して、世界一流の企業を育成

する目標を掲げている。

　ブレーキをより強く踏むかのような改革のなかでの加速は最終的に成功するのか。機能分類の精緻化とともに、未完の国有ファンドの成否が今後の軌道修正の行方を左右するひとつの分岐点になると思われる。

注
1）前任の胡錦涛時代までは「決定的な役割」ではなく「基礎的な役割」であった。
2）「活動作風を改善し、大衆と緊密に結びつくことに関する八項規定」。①視察、②会議・式典、③書類、④外国訪問、⑤警備、⑥会議・活動報道、⑦出版・祝電・揮毫、⑧官舎・公用車などの簡素化やルール順守を求めた。
3）政府機関や国有企業などに検査チームを駐屯させ、①賄賂性取引や私腹を肥やす行為、横領・贈収賄、ダラ幹、②「八項規定」違反、③党の理論・路線・方針・政策への公然たる反対や骨抜き、④買官や買収・不正抜擢等の不正・腐敗問題を集中検査した。その結果、最高幹部クラスが数多く失脚した。
4）党中央組織部「地方の党および政府の領導グループおよび領導幹部の業績評価の改善に関する通知」による。地域の成長率ランキング等の作成も禁じた。「五味一体」は胡錦涛が第18回党大会で提起した概念。なお、GDP（GRP）基準の地方幹部評価を周黎安（2007）は「昇進競争モデル」と名付けた。
5）「中国農村扶貧開発綱要（2011－2020）」を継承・強化して、2015年に党中央委員会・国務院「貧困脱却のための堅塁攻略戦に打ち勝つことに関する決定」を策定。貧困者の特定や事業調整などの精度を厳しく要求し、生産発展や移住、生態学的補償、教育開発、社会保障などを貧困脱却の手段とした。中国の貧困脱却政策については下川哲（2019）が詳しい。
6）「不忘初心、方得始終」は『華厳経』の解釈から編み出された仏教成語。「初発心の時、すなわち正覚を成す」（初発心時便成正覚）が原文。最初に抱いた気持ち、すなわち仏道における発心に悟りの種を見出し、初心を抱き続ける重要性を説く教え。習近平は2015年7月の党創立記念日に古参党員に宛てた公開返書のなかでこれを用い、2016年の結党95周年大会記念演説で「不忘初心、継続前進」を10回繰り返して、「来し方を忘れず、なぜ出発したのかを忘れるな」と強調した。関連して、党規約の「写経」運動（「手抄党章」）や党費納付・党員バッチ着用の徹底が行われた。
7）習近平は「新時代」に入った意義を①先進国へのキャッチアップと民族復興、②冷戦崩壊後の「社会主義」の死守、③非欧米型近代化の選択肢の提示（発展と独立性を望む諸国民に「全く新しい選択肢を提供」）の3点に要約し、同時代の課題として「強国化」と「共同富裕」、「五味一体」型発展などを掲げた。なお、報告タイトルは「不忘初心、牢記使命…」（初心を忘れず、使命を胸に

刻み…）であった。

8）鄧小平の「先富起来」は当初の 80 年代から「共同富裕」がセットであった。市場化の加速を求めた 1992 年の「南方講話」においても、「社会主義の本質は、生産力を解放し、発展させ、搾取をなくし、両極分化をなくし、最終的には共に豊かになること」との認識を示している。実現時期としては、「今世紀末にまずまずの水準に達したとき」を予想していた。

9）「指導意見」の原文は「関於国有企業改革的指導意見」。2015 年 9 月 22 日に配信された記事は「念好改革真経　開創国企未来」『新華網』（www.xinhuanet.com//politics/2015-09/22/c_1116645590.htm）。

10）国務院「2020 年度国有資産管理情況的綜合報告」、1 元 = 15.47 円で換算。なお、日本の上場企業の総資産は 1335 兆円（「決算短信集計結果」、連結）。

11）『中国財政年鑑』2021 年版による。

12）石油・天然ガス採掘 88％、発電・スチーム 84％、石炭採掘 77％、鉄道車両・造船・航空機 63％、鉄鋼 44％、自動車 41％、非鉄 37％、化学 30％、食品 9％、紡織 5％、アパレル 3％など（『中国統計年鑑』2021 年版）。建設、通信、交通、銀行は中屋信彦（2022a）参照。なお、銀行はその他の中小の国有銀行や協同組合を含めれば 9 割程度が公的金融であるとみられる。

13）中国企業聯合会・中国企業家協会「2020 中国企業 500 強」2020 年 9 月 14 日、中華全国工商業聯合会「2020 中国民営企業 500 強」2020 年 9 月 10 日を整理。なお、民営最大のファーウェイ（中国企業 500 強では第 11 位）は解放軍との関係が噂される従業員持株制の企業であり、2 位は家電量販店の蘇寧（同 18 位）である。3 位は銅の正威国際（同 23 位）、4 位は石油化学の恒力（同 28 位）であった。

14）2016 年〜2020 年の総資産税引前利益率の平均は鉱工業が 2.9％、建設業が 1.4％、不動産業が 1.8％、サービス業が 1.1％。なお、建設業や不動産業は、国有企業の場合は、大株主の地方政府に国有地の使用権売却収入が見込まれるため、利益率の高低の意味合いが民営企業とは異なることに注意。

15）習近平政権になってから国有企業の労使紛争のデータが公表されなくなった。

16）「央企：従『正業不行』到『不務正業』」『南方日報』2010 年 2 月 12 日付。

17）改革開放前の国有企業は、党委員会が重要決定に関与する「党委員会領導下の工場長（経理）責任制」と労働者が管理に参加する「職員・労働者代表大会制度」をガバナンスの二本柱としていた。なお、前者は革命直後のソ連式「一長制」の採用時に生じた幹部の独断専行を踏まえて導入されたものであった。また、定款への書き込みは、党の規律に拘束されない非党員出資者・経営者が参加する混合所有制の拡大に備えるという意味合いもあった。

18）混合所有制を巡っては、「国家資本主義」からの離脱を促すという説（丸川知雄（2015）等）と、出資構造の多元化によって国有企業の収益性と効率性を引き上げるという説（三浦有史（2017）等）が存在する。

19) 国務院国資委党委「国企改革三年行動的経験総結与未来展望」『人民論壇網』
（www.rmlt.com.cn）2023 年 3 月 19 日。

20) 2021 年 7 月 29 日の新華通訊社配信記事によれば、全ての中央政府系企業と
97％以上の省政府系国有企業が改訂を完了したという（「為做強做優做大国有
企業提供根本動力和堅強保証──党的十八大以来国有企業党建工作綜述」）。

21) 公式サイトの FAQ で「公表していない」と回答している（2019 年 4 月）。

22) 各地方政府の分類は甲斐成章（2021）が詳しく調査している。

23) 国務院国資委研究中心の「中央企業高質量発展報告（2023）」は、中央政府系
国有企業の「社会的責任」履行の成果として、①中小零細企業支援（家賃減
免、デジタル転換支援、自動車ローン優遇）、②貧困地域援助、③一帯一路の
共同建設、④低炭素社会構築への積極対応を列挙している。

24) 国務院「国有資産管理体制を改革し徹底することについての若干の意見」（2015
年 10 月）、国務院「国有資本投資、運営公司改革実験の推進についての実施意
見」（2018 年 7 月）など。

**参考文献**
（年鑑、年報、記事、政府報告等は文中や図表に記載）

イアン・ブレマー（2011）『自由市場の終焉──国家資本主義とどう闘うか』日本
経済新聞出版社

デヴィッド・ハーヴェイ（2007）『新自由主義──その歴史的展開と現在』作品社

甲斐成章（2021）「習時代の中国国有企業改革の制度デザイン──混合所有制はど
う推進されるのか」『関西大学経済論集』第 70 巻第 4 号

下川哲（2019）「貧困・格差問題への取組み強化と今後の課題」大西康雄編『習近
平「新時代」の中国』（第 6 章）アジア経済研究所

中屋信彦（2022a）「中国『瞰制高地』部門における公有企業の支配状況調査（2015
年の支配状況）」『調査と資料』第 126 号

中屋信彦（2022b）『中国国有企業の政治経済学──改革と持続』名古屋大学出版会

編写組編著（2016）『「関於深化国有企業改革的指導意見」学習読本』中国経済出版社

丸川知雄（2015）「国家資本主義から混合所有制経済へ向かう中国」『比較経済研究』
第 52 巻第 1 号

三浦有史（2017）「国家資本による支配強化を図る習近平政権──混合所有制改革
のシナリオを検証する」『環太平洋ビジネス情報 RIM』17 巻 67 号

蒋占華・仝岩・王清漪（2020）「業績考核助推中央企業高質量発展」『財務与会計』
2020 年第 5 期

李錦（2022）「国企改革新的邏輯框架正在形成──中央経済工作会議精神解読」（李
想集錦 152 号）『文化視界』（www.culturechina.cn）2022 年 12 月 19 日

王倩倩（2021）「深化国企分類改革全面精准落地推進」『国資報告』2021 年第 5 期

王秀雲・葉其楚（2022）「新時代国有企業分類改革存在的問題及対策研究」『国企改革』2022 年第 8 期

周黎安（2007）「中国地方官員的晋昇錦標賽模式研究」『経済研究』2007 年第 7 期

PwC（2022）「国有企業混合所有制改革優秀実践回顧与思考」『国企改革観象台 2022 年度　合規、風険管控与改革』（www.pwccn.com/zh/blog/state-owned-enterprise-soe/compliance-risk-control-and-reform.pdf）

（なかや　のぶひこ／名古屋大学)

# 「新常態」中国の労使関係における
# 新しい特徴

## ——2008年「労働契約法」の施行も重ねて——

竇　　少　杰

## 1.　問題意識

　2000年以降、WTOへの加盟や中国政府の積極的な外資誘致政策の実施などによって中国は「世界の工場」となったが、人件費の急上昇と2008年から中国政府の産業構造転換[1]という二重の圧力を受け、中国沿岸部の労働集約型の企業数が急減する一方、技術集約型の企業が増加し、技能工への需要が高まった。

　一方、2008年から施行された「労働契約法」は労働者保護の姿勢をとっており、企業はそれまでの恣意的な人事労務管理ができなくなり、企業にとって労務リスクが増大した[2]。

　しかし、2008年に発生したリーマンショックの影響を受け、中国経済は中央政府の金融緩和で一時的に順調な回復を見せたが、その後、国際関係の複雑化や世界経済の低迷を背景に、中国経済の成長率も6〜7％へと低下し、その成長は徐々に鈍化・減速し、やがて「新常態」という時期に入った。「新常態」とは、中国経済が高度成長期を終えて、中高度成長期という新たな段階に入っていることを示す経済用語であり、ニューノーマルとも訳される。2014年5月に河南省を視察した際に、習近平国家主席は「わが国は依然として重要な戦略的チャンス期にあり、自信をもち、現在の経済発展段階の特徴を生かし、新常態に適応し、戦略的平常心を保つ必要がある」と語った。これを受け、「新常態」は中国のメディアで一斉

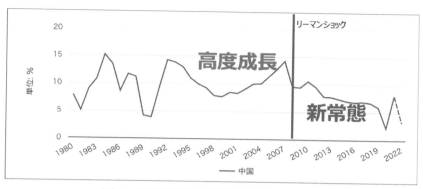

**図1　中国経済は「新常態」期に入った**

出所：筆者作成。

に報道され、その後中国経済を議論する時にもっとも頻繁に登場するキーワードとなり、中国経済はついに「新常態」期に入ったのである（図1）。

　これらの影響を受け、中国社会と経済には大きな変化が生じてきており、労使関係にも次第に新しい特徴が現れてきたのである。

## 2.　中国社会と経済における新たな変化

　中国社会において生じたもっとも大きな変化は「アメリカ学び」から「ドイツ・日本学び」へ変わったと言えよう。

　1949年建国した社会主義中国は当時、東西冷戦の厳しい時代において余儀なく社会主義国陣営に入り、中国共産党と中国政府は社会主義国の「兄貴」である旧ソ連を追随し、旧ソ連に学びながら国家を経営してきた。しかしその効果が香ばしくなく、「文化大革命」も発生し、中国社会は危機的な状況に陥ってしまっていた。行き詰まった中国は「改革・開放」政策を打ち出し、計画経済とそれに基づいて構築してきた社会システムを廃棄しながら市場経済を少しずつ入れるようになり、とくに経済分野において、世界最強の先進国であるアメリカに学ぶようになった。労働・雇用領域を見てみると、1980年代半ば、中国政府はそれまで実施していた「生

老病死の面倒がすべて国家が見る」という本格的終身雇用を廃止し、すべての労働者を対象に雇用期間のある契約雇用制度を導入・実施した。また2000年からアメリカ発の「成果主義」を徹底的に導入・実施しており、その成果主義的人的資源管理のあり方について、竇（2013）を参考されたい。つまり、「改革・開放」期に入ってから長い間、「アメリカ学び」は中国社会において1つの重要な暗黙ルールとなっており、企業経営管理のあり方や社会経済に関する考え方なども含め、アメリカからの影響は大きくなっていたのである。

　ところが2008年リーマンショック後、とくに中国経済が「新常態」期に入った後、中国社会、とりわけ中国企業の経営管理について、経済環境の急変で厳しくなってきた現在において、アメリカ発のさまざまな経営管理法やマネジメントのあり方などより、常にヨーロッパ工業強国のトップとして君臨するドイツの産業政策、そしてバブル経済が崩壊して30余年の「平成不況」を経験しても強い生命力を示してきた日本企業の経営管理のあり方などが注目されるようになり、中国人や中国企業の関心を呼び寄せている。

　ではドイツと日本に何を学んでいるのか。

　まず、ドイツについて。

　「インダストリー4.0」と呼ばれる近年におけるドイツの産業政策と工業企業の動きが注目されており、一番の重要な内容だと、筆者は観察している。インダストリー4.0とは、ドイツ政府が2011年に発表した産業政策であり、和訳すると「第4次産業革命」とされ、製造業においてITを取り入れ、改革することを目指すというものだという。「世界の工場」と呼ばれるようになり、さらに近年、ITの応用技術の領域で凄まじい成長ぶりを見せ、「IT先進国」となった中国はもちろん、ドイツのこの「インダストリー4.0」に関心興味を持つようになり、多くの関連部門の政府関係者やビジネススクールは企業経営者・責任者を引率してドイツ企業を頻繁に視察し、交流・学習するようになってきた[3]。例えば自動車のBMW社、アウディ社、ベンツ社、電気電機企業のシーメンス、BOSCH、産業ロボットのKUKA社、スポーツ用品のアディダス社、メディカルのMERCKな

ど、ドイツの著名企業が人気の訪問学習先となっている。

　次に、日本について。

　中国人と中国企業が大きな関心を持っているポイントは主に下記の3つがあると筆者は思う。すなわち、①職人精神、②長寿（老舗）企業と③優れた経営管理法である。なぜなら、2012年尖閣諸島の国有化で日中関係が最悪の状況を経験した後に、2013年頃から多くの中国企業経営者から組織した日本企業研修視察ツアーの学習内容はこの3つがメインテーマであるからだ。

　①職人精神について。職人精神は中国語で「工匠精神」、あるいは「匠人精神」という。2015年7月、中国を製造大国から製造強国へ成長させるという目標を実現するために、中国政府は「中国製造2025」戦略を発表した。「中国製造2025」戦略では、中国の現状に基づいて、建国100周年の2049年までに3段階で製造強国化を実現するという長期のロードマップを掲げたうえで、その第一段階として、2025年までの具体的な発展目標や重点分野を示している。具体的には、重点施策として、イノベーション能力の強化、ITと工業の融合推進（スマートファクトリーなど）、基盤技術の強化、質の向上とブランド作りの強化、環境にやさしい製造業の全面的な普及などの「9大戦略目標」が掲げられているほか、「5大プロジェクト[4]」と「10大重点産業分野[5]」が指定されている。しかし「中国製造2025」戦略の遂行には職人精神が求められており、2016年5月23日、当時の李克強総理は中国の東風商用車重型トラック工場を視察した際に、「『中国製造』の品質革命には工匠（職人）精神が欠けてはいけない」と語った。これを機にして日本企業、とくに職人型企業が注目されるようになった。例えば秋山木工の創業者である秋山利輝氏が出版した『職人精神：一流人材を育成するための30の法則』が2015年11月に中国語に翻訳され、中信出版集団によって中国で出版された途端、一気にベストセラーとなり、莫大な人気を集まっていた[6]。また、職人精神を直接に体感するために、中国の企業経営者たちは日本企業研修視察ツアーの形で日本にも訪ね、西陣織や京扇子・うちわ、和菓子、日本酒、金型製造など、多くの職人型企業を団体で研修・見学している[7]。

②長寿（老舗）企業について。周知の通り、中国の民営企業、とりわけ家族企業は「改革・開放」後の 80 年代から誕生し、歴史は浅いが、中国経済の高度成長にともないさまざまな苦難を経験しながら急成長を果たし、いまは 50％以上の税収、60％以上の GDP、70％以上の技術革新、80％以上の雇用創出、そして、90％以上の企業数という形で中国の経済社会に貢献しているとされており、中国経済において重要な意味をなしている。しかしこのような、中国経済にとって重要な家族企業は、まさに深刻な事業承継問題に直面している。中国企業発展研究院の余明陽副院長が 2014 年に発表した調査報告「6 割の民営企業が事業承継危機に直面する」によれば、経営者の平均年齢の上昇にともない、これからの 10 年間に約 8 割の民営企業が事業承継の時期に入るが、そのうち約 8 割の企業において 2 代目たちが先代の事業を受け継ぐ意思をもっていないという。つまり、単純計算をするなら、民営企業のなかの約 6 割がこれからの事業承継において大きな問題に直面する、ということである。いかにして事業承継問題を解決し、「持続可能な経営」を実現できるのかが、今日の中国の家族企業にとって死活問題となっている[8]。ところが世界へ目をすれば、中国の隣国である日本は世界一の長寿企業大国である。もちろん近年、日本でも多くの中小企業は事業承継問題で悩まされているが、100 年以上の社歴を有する長寿企業の数として 4 万社以上に上っており、世界に誇っている[9]。これらの長寿企業のほとんどは家族企業であり、創業家が何回の世代間のバトンタッチをうまく実施して家族企業の経営を継続してきたため、事業承継に関して多くの知恵やノウハウを持っている。これらの長寿家族企業も中国企業経営者の学習対象であり、前述した日本企業研修視察ツアーにおいて職人精神のみならず、長寿家族企業経営者の話を聞き、事業承継のやり方を学ぶことも最重要内容の 1 つである[10]。

③優れた経営管理法について。前述した通り、中国企業はこれまで、アメリカ企業の経営管理法、あるいはアメリカの名門ビジネススクールが提唱した経営管理法を積極的に学び、企業経営管理の現場で導入・実施されてきた。もっとも典型的な例で言うと、1990 年代、ハーバード大学の Robert Kaplan 教授と David Norton 教授が提唱した「バランス・スコア・

カード[11]」は中国企業の間で大きな人気を集め、多くの企業は導入・実践していた。

　ところが前述したように、近年、中国経済が「新常態」期に入り、多くの中国企業の経営は非常に苦しい状況に陥っている。このような厳しい状況のなか、ある日本企業の再生劇が世の中の関心を呼び寄せた。それは日本航空であった。2010年1月に倒産した日本航空は「経営の神様」と呼ばれる当時78歳高齢の稲盛和夫氏（故人）を会長として迎え入れ、稲盛氏が編み出したアメーバ経営と稲盛経営フィロソフィを導入・実践し、2012年9月に史上最速で再上場を果たし、経営再建に成功したのである。倒産した日本航空が無事に再建されたことを受け、稲盛氏、アメーバ経営、および稲盛経営フィロソフィは中国での知名度が一気に高まり、稲盛氏のほぼすべての著書も中国語に翻訳され、発売されるたびにベストセラーとなっており、アメーバ経営と稲盛経営フィロソフィを学び、実践する中国企業も相次いだ。また、トヨタ自動車が長年実践されてきたトヨタ生産方式も、ムダの徹底的な排除によるコストダウンに役立つということで人気が高まり、京セラ株式会社やトヨタ自動車など日本の大企業も前述した中国企業経営者の日本企業研修視察ツアーの絶好の訪問・学習先となっている。

　以上、近年の中国経済と社会におけるもっとも大きな変化、すなわち「アメリカ学び」から「ドイツ・日本学び」へ変わったことについて考察した。実際に労使関係分野においても、筆者は下記4つの重要な変化を観察することができた。すなわち、「任職資格制度」の導入と実施、長期（終身）雇用労働者の再出現、これまでの「成果主義」に異変、アウトソーシング・非正規雇用の拡大であった。

## 3.「任職資格制度」の導入と実施

　「任職資格制度」は拼音でRENZHI ZIGE ZHIDUと呼び、近年の中国企業の間で流行っている企業内人材等級管理制度である。この制度のもっとも大きな特徴は、ポスト数の制限によって職位等級が上がらなくても、相

当する任職資格等級が認定されたのであれば、その職位等級と同様水準の賃金額がもらえることである。筆者からすれば、日本企業がこれまでもっとも一般的に定着されてきた「職能資格制度」とよく似た制度である。

　表1は筆者が2015年にヒアリング調査を実施した、ある中国企業が2013年から導入・実施した「任職資格制度」の等級表である。表1の横軸を見れば、全社従業員は4つの「族」に分けられており、「経営管理族」、「研究開発族」、「生産・現場技能族」と「営業販売族」である。「経営管理族」の範囲は比較的広く、会社の財務部や人的資源部、市場・ブランド部、経営管理部など、管理・間接部門に属する社員たちを指している。ほかの3つの種族の定義はもっと明確である。すなわち、「研究開発族」は研究開発部に、「生産・現場技能族」は生産・物流部に、そして「営業販売族」は営業・販売部にそれぞれ属している社員のことである。この4つの種族は、該当企業が全社員に対して設定したキャリアパスの種類でもある。ヒアリング調査によると、社員は入社時、いったん本人の希望と会社のニーズに基づき1つの種族に分類されるが、後に、社員の能力や希望、および会社のニーズの変化などに応じて、種族を跨いで異動することも可能であるという。

表1　ある中国企業の「任職資格制度」等級表

| 等級／分類 | 経営管理族 | 研究開発族 | 生産・現場技能族 | 営業販売族 |
|---|---|---|---|---|
| 11 職級 | 社長 | | | |
| 10 職級 | 副社長、事業部総経理 | 研究開発副社長 | 生産・流通副社長 | 営業副社長 |
| 9 職級 | 総監、事業部副総経理 | *高級専門家 | 工場総監 | |
| 8 職級 | 総監、部長 | *専門家 | | 部長 |
| 7 職級 | 経理（主任） | *高級エンジニア | 経理（主任） | 高級経理 |
| 6 職級 | | *エンジニア | | 経理 |
| 5 職級 | *主管 | *助理エンジニア | 経理助理・*首席技師 | 主管（店長） |
| 4 職級 | *主管（大卒新入社員） | | | |
| 3 職級 | *一般社員 | *技術員 | 班長・*技師（初・中） | *高級販売員 |
| 2 職級 | *一般社員 | | 組長・*技工（初・中・高） | 中級販売員 |
| 1 職級 | *一般社員 | | 一般従業員・*技能見習工 | *初級販売員 |

* は職能資格である。
出所：竇（2022）p.201

　またこれまで、「転職するのが当たり前」とされてきた中国の労働市場では、「職能資格制度」を中心とした日本企業の人事管理制度は「昇進が遅い」や「年功主義でやる気が出ない」などの理由で、大手の日系企業でも中国人労働者の間では人気がないとされており、極めて不評であった。しかし 2019 年筆者が京セラ株式会社の東莞工場に対して現地調査を実施した際、日本の職能資格制度の存在が確認できた。「2012 〜 2013 年頃から日本の職能資格制度を持ち込んで、現地で導入した。中国人社員たちはこの制度の実施に納得してくれており、いまのところは特に問題なく実施できている」と、現地の責任者に対するヒアリング調査でも確認できた。つまり、これまで不評だった日本の「職能資格制度」は 10 年ほど前から中国で受け入れられるようになっただけでなく、中国のローカル企業もその導入と実施を始めたのである。

　では、なぜここにきて、日本の「職能資格制度」が中国でも通用できるようになったのか。考えられる理由は以下の 2 つあると、筆者は思う。

　理由①：中国政府の産業構造転換政策によって、沿岸部地域において、高度な技能を持つ労働者への需要が高まった。

　2008 年 1 月、中国政府は沿岸部地域の産業構造を高付加価値化するために、「騰籠換鳥」政策を実施した。外資企業も中国のローカル企業も、技術集約型（ハイテク）企業として認定されれば法人税は 15％と維持されるが、労働集約型企業であれば法人税が段階的に 25％まで引き上げると発表したのである。そして内陸部地域の経済も発展させるために、「築巣引鳳」政策も同時に実施し、インフラや優遇措置などを整えて、沿岸部地域から追い出されてくる多くの労働集約型企業を中国の内陸部地域へ誘致することを同時に実施した。結果として、沿岸部地域では技術集約型企業の数が急激に増加し、多くの労働集約型企業は中国の内陸部地域へ移転された[12]。ところが、産業構造の転換に応じて、中国の労働力市場にも新たな変化が生まれてきており、そのもっとも重要な 1 つは、沿岸部知識では高度技能工が不足するようになったのである。中国企業にとって、技能レベルの高い労働者を安易に転職させないような人的資源管理制度を構築する必要があった。日本の「職能資格制度」はまさに人材を企業内に

定着させる機能を持つ人的資源管理制度であったため、中国企業の需要に合致したのである。

　理由②：2008年「労働契約法」の施行。

　2008年1月1日から施行された「労働契約法」は労働者の権益を保護する法律となっているため、企業は労働者を簡単にリストラできなくなった。とくに同法第14条は「雇用期間の定めない労働契約の締結」に関する条文が規定された。すなわち「『無固定期間労働契約』とは、雇用単位と労働者とが終了の時の確定がない旨を約定する労働契約をいう。雇用単位と労働者とは、協議により合意したときは、無固定期間労働契約を締結することができる。次に揚げる事由の一があり、労働者が労働契約の更新若しくは締結を提起し、又はこれに同意する場合には、労働者が固定期間労働契約の締結を提起する場合を除き、無固定期間労働契約を締結しなければならない。①労働者が当該雇用単位において連続して勤務10年以上であるとき。②雇用単位が初めて労働契約制度を実施し、又は国有企業が制度改革により新たに労働契約を締結する時に、労働者が当該雇用単位において勤続10年以上であり、かつ、法定の退職年齢まで10年に満たないとき。③2回の固定期間労働契約を連続して締結し、かつ、労働者に第39条並びに第40条第1号および第2号所定の事由のない場合において、労働契約を更新するとき」である。つまり、「新常態」期の中国では経済の高度成長が望めなくなっており、労働者の雇用も不安定になりがちなため、中国政府は長期雇用を促したのである。中国政府の「労働者保護」と「長期雇用」の方針に応じて、中国企業では長期雇用を前提とした人的資源管理制度の整備が急務となった。労働者のキャリアパスを社内で形成させて優秀な人材を育成・確保できる日本の「職能資格制度」だからこそ、いまの中国に相応しい人的資源管理制度であるといえよう。

　もちろん日本の「職能資格制度」には年功的な運用や、人件費の高騰など多くのデメリットも存在しており、筆者のヒアリング調査では、中国企業は「任職資格制度」を設計・実施する際に、例えば査定制度の改善・強化や比較的に早いうちの「頭打ち」といった対策も講じており、日本の「職能資格制度」の問題点を避けようと努力されていることが確認できた。

## 4.　長期（終身）雇用労働者の再出現

　上記した 2008 年「労働契約法」の施行によって、いまの中国では長期（終身）雇用労働者が再出現できたのである。2014 年 8 月、筆者は中国浙江省に本社を置くある自動車部品メーカー（中堅）で「2008 年『労働契約法』の施行が中国企業の雇用管理現場でもたらした影響」というテーマでヒアリング調査を実施したところ、その会社の人事課長から以下の回答を確認できた[13]。

　「弊社には現在、無固定期間雇用契約を結んだ労働者は全部で 3 人がいます。私はその 1 人です…大学を卒業してから入社して 10 年間も働いてきましたので、この間契約を更新した時（2014 年）に、無固定期間の雇用契約を結びました。…会社にとって、無固定期間雇用の従業員をクビにすることは大変難しい。いろんな条件が揃ってないと解雇できない。経営状況が悪くなったというような状況に陥っても有期雇用の従業員からリストラしなければならない。無固定期間雇用労働者は最後になりますね。私個人にとって、何の不自由もありません。会社を辞めたければ、事前に伝えておけば、いつでも辞められます。」（ある自動車部品メーカーの人事課長、ヒアリング調査実施時間：2014 年 8 月）

　社会主義中国が建国した後、計画経済を実現するために、中国政府はヒト、モノ、カネなど、あらゆる資源を掌握し、国民経済全般をコントロールしていた。そのなかで、都市部住民は職業選択の自由の喪失の代償として、中国政府から「国家の主人公」の身分を与えられ、雇用や賃金、福利、保険などが「固定」され、生老病死に関わる全てが国家によって保障されるにいたった。したがって、当時の中国に「固定工（本工）」の概念が生まれ、本格的な終身雇用によって職業の安定が守られていたのである（詳細は竇 2022、pp.24-26 を参照されたい）。しかし前述したとおり、「改革・開放」政策が実施されてから、中国政府は 1980 年代半ばに雇用制度

改革を実施して雇用期間のある契約雇用制度を導入し、それまでの「固定工」制度を廃止した。それによって中国社会において長期（終身）雇用者が消えていった。事実上の長期雇用者であっても、形式上では必ず「契約更新」という手続きを行なっていたのである。

　ところが「改革・開放」政策の推進とともに、中国経済は急激な成長を遂げたが、格差問題や労使関係悪化問題など、さまざまな社会問題と矛盾が深刻化し、やがて中国社会の安定と経済の持続的な成長の阻害となってきた。格差是正に政策の重心を置いた胡錦濤・温家宝政権はついに2008年に労働者の利益を保護する法律「労働契約法」を施行した。前述したとおり、同法第14条は「雇用期間の定めない労働契約の締結[14]」に関する条文が規定され、1980年代半ばの雇用制度改革後の中国ではじめて長期雇用を促した。それによって、中国社会において長期（終身）雇用労働者は再出現できたのである。

## 5. 中国の「成果主義」に異変

　よく中国企業に対してヒアリング調査を実施してきた筆者は近年、中国企業の経営管理現場、とくに賃金管理でもう1つの重要な変化を感じた。それはこれまでの中国の「成果主義」に異変であり、とくに生産現場労働者の賃金制度が「計件工資」から「月給制賃金」へ切り替えるケースが増えていることである。

　中国企業の賃金管理のもっとも大きな特徴といえば、厳しく実施された成果主義であることはいうまでもない（詳細は賽2013を参照されたい）。ほとんどの企業の生産現場では「計件工資（出来高給）」が実施され、出来高に応じて生産労働者に賃金を支払ってきた。それ以外の労働者に対しても、売上高や利益、コストダウン、効率など、明確な数値が中心となる厳しいKPI（Key Performance Indicator）が設定されており、数値目標が達成できれば高い給料やボーナスが支給されるが、そうでなければその現地の最低賃金水準に相当する程度の金額しかもらえず、中国企業はこのような厳しい成果主義をもって労働者の労働意欲を最大限に引き出そうとして

きた。ところが近年、とくに生産現場の生産労働者に対して、「計件工資」を取りやめ、月給制賃金制度を導入する企業は相次いでいる。「計件工資」はこれまでの中国でもっとも典型的な成果主義賃金の１つであったが、この動きは中国の「成果主義」に異変が生じたことを意味している。ではなぜここにきてこのような変化が出てきたのか。そのもっとも重要な理由は中国経済の「新常態」にあると筆者は考える。

　周知のとおり、成果主義は諸刃の剣であり、経済の高度成長期においてはインセンティブ機能は強いが、「新常態」期に入ってしまうと成果を出すのは難しくなりマイナス方向へ働くことが多い。「計件工資」は生産現場の典型的な成果主義の賃金制度であり、これまで中国の製造企業では多くの企業がそれを実施してきたが、この賃金制度が成り立つのには大量の生産受注が必要となっている。受注量が多ければ、残業時間も長くして、労働者の生産量も多くなり、もらえる給料も多くなるが、受注量が減ると残業もなくなり、労働者の出来高も少なくなり、もらえる給料は安くなる。「給料が安くなると、少しでも高い給料を求めて転職する労働者が確実に増えます。しかも熟練工から会社を辞めていきます。業務量が回復して多くなると労働者を多く確保しなければなりませんし、しかも熟練工の採用は簡単ではありませんので、本当に困ってしまいます。ですから閑散期でもできるだけ辞めて行かないように、熟練工たちに対して月給制を導入しています。」中国企業への現地調査において、筆者は近年、よく上記したような話を聞いている。「新常態」期の中国において、労働者、とりわけ熟練労働者を自社内に引き止めるために、中国企業の生産現場ではそれまでの「計件工資」を改め、月給制賃金制度への導入と転換を急いでいるようである。

## 6.　アウトソーシング・非正規雇用の拡大と混乱

　また、「新常態」中国の労使関係にはさらに１つの重要な変化があり、それはアウトソーシング・非正規雇用の拡大である。図２は2013年から2018年９月までの中国における労務派遣業の市場規模と成長率を表した

**図2　2013 ～ 2018 年 9 月中国労務派遣業の市場規模分析**
出所：前瞻産業研究院（2019）『労務派遣行業現状分析及発展戦略研究報告 2018』

図である。この図から読み取れるように、労務派遣の市場規模成長年率は
10％以上となっており、近年の中国では派遣労働を中心に、アウトソーシ
ング・非正規雇用は急速に拡大している。その理由は主に以下の 2 つが考
えられ、すなわち 2008 年「労働契約法」の施行と中国経済の「新常態」
である。

　まず、2008 年「労働契約法」の施行について。前述したとおり、「労働
契約法」は労働者の権益を保護する法律となっているため、企業は経営の
都合で労働者を恣意的にリストラできなくなった。さらに同法第 14 条は
「雇用期間の定めない労働契約の締結」に関する条文が規定されたことも
本稿で何回も考察した。つまり、2008 年「労働契約法」の施行は企業経
営にとって労務リスクが増大したのである。

　この労務リスクを最小限に抑えるために、多くの中国企業は正社員を必
要最小限で確保したうえ、業務内容を区分し、重要で複雑な業務には正社
員に担当・従事してもらうが、臨時的・補助的・単純作業で重要度の高く
ない業務にはアウトソーシングを活用したり労務派遣などの非正規雇用労
働者に従事してもらったりしている（竇 2022 を参照）。

　しかし、中国の労務派遣に関する法律や制度は日本のように整備されて
おらず（表 2 は派遣労働に関する簡単な日中比較である。詳細は横井・

## 表2　派遣労働に関する日中比較

| 項目 | 日本の派遣労働 | 中国の派遣労働 |
|---|---|---|
| 由来 | 高い専門的知識や技術などをもっているスペシャリストにかんする需要と供給との差から誕生した。 | 経済発展の地域格差による労働力移動から出現した。 |
| 法律のねらい | 「職業安定法」の規制を緩和しようとする企業経営者の立場に立っている。 | 労使関係が悪化しつつある現状のなか、「和諧社会」の建設を提唱する中国政府は労働者の利益を少しでも守ろうという姿勢をみせている。 |
| 適用業務 | 適用業務にこだわっているが、数次の「改正」をつうじて徐々に適用業務を拡大している。 | 適用業務に対して規制がなく、「臨時的、補助的、かつ代替的」と強調している |
| 受入期間 | 受入期間にこだわっているが、数次の「改正」をつうじて徐々に受入期間を長期化している。 | 受入期間に対して規制がなく、「臨時的、補助的、かつ代替的」と強調している。 |
| 賃金規制 | 派遣労働者の賃金水準の決定にかんするルールは定められていない。 | 「同一労働同一賃金」原則を強調している。 |
| 雇用契約 | 雇用期間に関する条目は存在しない。現実には「常用型派遣」と「登録型派遣」との2種類が存在。 | 派遣元企業が派遣労働者と2年以上の期間の定めた雇用契約を締結すべきである。 |

出所：横井・竇・孟（2010）

竇・孟（2010）を参照されたい）、2008年「労働契約法」の第五章の第二節（第57条～第67条）では初めて労務派遣を規制したが、その内容は「臨時的、補助的、かつ代替的な業務において、労務派遣を利用することができる」としかなかった。

　労務派遣などの非正規雇用の法制度は整備されていないため、中国企業の労働現場では非正規雇用の活用は混乱しており、一部の熟練度が必要とされる企業の生産現場でも労務派遣が大量に利用されていた。2012年7月、ある国有大手トラック工場に対してヒアリング調査を実施したところ、筆者は以下の話を確認できた[15]。

　「弊社は国有企業ですので正社員を採用するためには人事の『枠』が必要です。2008年の労働契約法の施行で、会社は慎重になり、人事枠

はなかなか与えてくれません。それで弊社のようなトラック工場でも派遣社員を使わなければなりません…派遣社員のマネジメントは本当に大変です。すぐに辞めていきますから、人事部は常に採用活動に追われています。」（ある国有大手トラック工場の人事部長、ヒアリング調査実施時間：2012年7月）

「2014年から労務派遣は自由に使えなくなりましたので、今は主に業務請負を利用しています。」（ある国有大手トラック工場の人事部長、ヒアリング調査実施時間：2016年8月）

混乱の労務派遣利用をより厳しく規制するために、2014年3月1日、中国政府は『労務派遣暫行規定』を発表した。同規定の第二章第四条において、「派遣先企業は派遣労働者の人数を厳しく規制すべきであり、派遣労働者の人数は派遣先企業の全従業員数の10%を超えてはいけない」とした。しかし「上に政策があれば、下に対策がある」と言われるように、この規制が発表された途端、中国では偽装請負が急増したのである。

前出の国有大手トラック工場でのヒアリング調査では以下の話が確認できた[16]。

「まあ、派遣と請負の定義は結構違いますけれど、中国の現状で言いますと、完全に請負業者に任せることはありませんので、やり方としては労務派遣の時とそんなに変わっていないのは現状です。」（ある国有大手トラック工場の人事部長、ヒアリング調査実施時間：2016年8月）

さらに労務リスクを避けるために、一部企業の雇用現場では法律に違反する行動もとっている。前出の中堅自動車部品メーカーでのヒアリング調査記録では、以下のような話を確認できた[17]。

「会社の方針として、生産現場では雇用期間の定めない雇用契約は許していません…雇用契約を締結する時に、まず労働者には『雇用期間の

定めない雇用契約は締結できませんよ』と説明しておきます。了承して
もらって、雇用契約の最後の備考欄には『私は自ら雇用期間の定めない
雇用契約の締結を放棄します』と一文を書いてもらい、サインしてもら
います。…ほとんどが出稼ぎ労働者ですから、働いて給料をちゃんとも
らえば十分だと思っている人が多いと思います。それから、おそらく誰
も、この会社の工場で一生働くと思っていないでしょう。」（ある自動車
部品メーカーの人事課長、ヒアリング調査実施時間：2014 年 8 月）

　このような「なお書き」は法律上では無効であり、裁判になれば必ず会
社のほうが負けるが、法律に関する基本的知識を持ち合わせていない多く
の出稼ぎ農民にとって、この「なお書き」はある程度の効果（長期雇用を
避けて労務リスクを低減する）があるだろう。

## 7.　まとめ

　以上、本稿では「新常態」中国の経済と社会に現れたもっとも大きな特
徴、すなわち「アメリカ学び」から「ドイツ・日本学び」へ変わったこと
を考察したうえ、近年の中国企業の労使関係におけるいくつかの新たな特
徴を整理した。
　新聞や記事に報道されている通り、近年、中国の各地で最低賃金が大幅
に上昇してきており、これまで中国の製造業にとって重要な競争力の源泉
の 1 つとされてきた格安の人件費はもはや相対的に安くなく、他の情勢も
相俟って、中国は「世界の工場」の座を失いつつある。中国政府も 2008
年から積極的に政策転換を行い、中国経済を「労働集約型」経済から「技
術集約型」経済へ転換しようとしている。また、リーマン・ショックの影
響もあり、中国経済の成長が鈍化・減速し、2012 年から経済成長率が 6
〜 7% 台に入り、経済の「新常態」期に入った。それに加えて、2008 年
から労働者保護・長期雇用を促す「労働契約法」が施行され、企業にとっ
ては、これに伴う労務上のリスクも急激に増大したのである。このような
経済環境において、中国企業の生産現場では新しい労使関係が生まれ始

め、その特徴としては主に本稿で考察した以下の4つであり、すなわち①企業では「職能資格制度」の導入；②中国の「成果主義」に異変；③長期（終身）雇用労働者の再出現；④アウトソーシング・非正規雇用の拡大と混乱、である。

　しかし2018年から米中貿易戦争が勃発し、2020年に新型コロナウイルス感染症のパンデミックの影響を受け、世界でも中国国内でも政治経済状況は急激に悪化している。このような不安定な「内憂外患」のなか、中国の労使関係もまた常に変わっていくのである。激変している中国の経済と社会を正しく理解していくために、これからも企業での現地調査を実現しながら、引き続き中国の労使関係を観察していかなければならない。

注
1) 2006年11月に中国国家発展改革委員会によって公表された「外資利用11次五カ年計画ガイドライン」の第2章で「外資利用の総体的戦略目標」では、「外資利用の量的拡大から質的向上への根本的転換をさらに推進し、外資利用の重点を資金・外貨不足の補填から先進技術・管理経験と高度人材の導入に適切に転じ、さらに生態建設・環境保護・資源エネルギー節約と総合利用に特に力を入れる……簡単な加工・組立と低レベルの製造段階から、研究開発・高レベルの設計・現代流通などの新領域を開拓展開し、我が国を世界の高付加価値製品の製造基地の1つへと推進する。」と定めた。また第3章の「区域経済の協調的発展を促進」において、「東部沿海地区を我が国の外資利用の最も主要な地区であり、対外開放のレベルが高く、資金・人材・技術・立地・調達能力などの多方面の優勢を継続して発揮する必要があり、外資利用の量から質への転換を率先して実現し、自主創造能力の向上に努力し、構造改革と経済成長モデルの転換の実現を速め、国際競争力と持続的発展能力を増強する。珠江デルタ・長江デルタと環渤海地区などの外資はその他の地区へ広がる率先垂範作用を十分に発揮し、土地の集約使用を前提として資金技術集約型・高新技術産業および現代サービス業に力を入れて発展させ、外商投資プロジェクトの技術要素を高める」とも明記された。さらに第4章の「外商投資の産業・区域に対する政策誘導の強化」において、「経済情勢の発展と変化に応じて、『外商投資産業指導目録』を調整し、対外開放を進め、産業構造をレベルアップし、資源を節約し、環境を保護し、一部業界の盲目的投資と生産能力の過剰を抑制する。加工貿易発展の規定に関する規範を制定し、加工貿易投資の許可の仕組みを改善し、加工貿易のレベルアップを促進する……内外企業の輸入設備免税待遇の差

別を縮小し、最終的に統一した輸入設備税収政策を実行する」とも明記され、外資の導入と利用に関する中国政府の意図的誘導政策も明らかにした。これらの内容から、中国政府の「ハイテク産業、環境保護、省エネなどの条件で導入する外資を選別し、量的拡大から質的向上へ追求することを通じて、産業構造の転換と経済発展モデルのレベルアップさせる」という外資利用に関する戦略方針の転換がわかる（出所：竇・横井 2022）。

2）2008 年 1 月 1 日施行の同法第 14 条は「雇用期間の定めない労働契約の締結」に関する条文が規定された。これは、企業の雇い止めや使い捨てなどの行為から労働者の利益を中国政府が守り、長期雇用・安定雇用の実現を目指すものだと言え、中国の企業はこれにより、経営側の都合による従業員の人員整理が簡単にできなくなることを意味する。そして、同法第 5 章第 2 節において、初めて派遣労働を規制した。同法の施行が中国の労使関係に大きな影響力があるのは言うまでもない（出所：竇 2022）。

3）参加人数など具体的なデータはないが、中国の名門大学・中国人民大学 MBA が 2023 年 7 月にリリースした記事「中国人民大学グローバルスタディーズ——企業研修：ドイツのインダストリー 4.0 の最強実践を探る（https://www.rmbs. ruc.edu.cn/xwzx/xydt/91258d4cd73b4bdba76f9a6fb69a3a55.htm　2023 年 8 月 31 日確認）」を参照されたい。

4）「5 大プロジェクト」とは、「製造業イノベーションセンター摂理津プロジェクト」「スマート製造プロジェクト」「工業基盤強化プロジェクト」「グリーン製造プロジェクト」と「ハイエンド設備イノベーションプロジェクト」を指している。詳しくは竇・横井（2022）を参照。

5）「10 大重点産業分野」とは、「次世代情報通信技術」「先端デジタル制御工作機械とロボット」「航空・宇宙設備」「海洋工程設備・ハイテク船舶」「先進軌道交通設備」「省エネルギー・新エネルギー自動車」「電力設備」「新材料」「バイオ医療・高性能医療機器」「農業機械設備」を指している。詳しくは竇・横井（2022）を参照。

6）具体的には「好書推薦『匠人精神』——（日）秋山利輝（https://cul.sohu.com/ a/578018188_121119344　2023 年 8 月 31 日確認）」を参照されたい。

7）具体的には「尋訪"工匠精神"——日本精益標本研修之旅（https://www.sohu. com/a/138683333_272105　2023 年 8 月 31 日確認）」を参照されたい。

8）具体的には竇・河口・洪（2023）を参照されたい。

9）具体的には帝国データバンク（2022）を参照されたい。

10）具体的には「我区新生代企業家赴日本遊学：研学"創新与伝承"之道（http:// www.ouhai.gov.cn/art/2019/8/19/art_1248637_37136341.html　2023 年 8 月 31 日確認）」を参照されたい。

11）企業活動を財務的視点に加え、顧客の視点、業務プロセスの視点、学習と成長という視点から分析評価する経営手法。BSC＝Balanced Scorecard。

12）具体的には竇・横井（2022）の第2章を参照されたい。

13）具体的には竇（2022、p.166）を参照されたい。

14）具体的には前段、あるいは竇（2022、p.48）を参照されたい。

15）具体的には竇（2022、pp.122-132）を参照されたい。

16）具体的には竇（2022、p.132）を参照されたい。

17）具体的には竇（2022、p.166）を参照されたい。

**参考文献**

帝国データバンク（2022）「老舗企業、初の4万社突破」、「特別企画：全国『老舗企業』分析調査」。

竇少杰（2013）『中国企業の人的資源管理』、中央経済社。

竇少杰（2015）「中国企業の製造現場における労使関係に関する一考察：トラック工場B社の事例」、『立命館経営学』53（5）、37-55。

竇少杰（2022）『"新常態"中国の生産管理と労使関係』、ミネルヴァ書房。

竇少杰・横井和彦（2022）『現代中国の経済と社会』、中央経済社。

竇少杰・河口充勇・洪性奉（2023）『東アジアの家族企業と事業承継』、文眞堂。

横井和彦・竇少杰（2021）「中国の『職称』制度とその特徴－衛生医療技術者の事例を中心に－」、『経営学論叢』73（2）、1-40。

横井和彦・竇少杰・孟建兵（2010）「中国における派遣労働の制度的考察〜日本との比較検討を中心として〜」、経済学論叢62（3）、109-130。

（トウ　ショウケツ／立命館大学）

# 地政学的緊張と「レジリエントな サプライチェーンの構築」

## ——極端なグローバル化の修正と政府関与の復権[1]——

森 原 康 仁

## はじめに

　筆者は、森原（2023a）において、1990 年代から 2000 年代にかけての グローバリゼーションが 19 世紀末から 20 世紀初頭にかけての「第 1 次グ ローバリゼーション」と区別される「極端なグローバル化」[2]と特徴づけ られることを確認し、2010 年代以降目立って増えた安全保障の手段とし て経済が用いられる現象が「エコノック・ステイトクラフト」と呼ばれ政 治的に注目されていることを整理した。さらに、貿易や投資のような経済 指標においても政治的ナラティブにおいても 2010 年代以降顕著な停滞・ 逆行現象がみられることを指摘した[3]。そして、以上をふまえれば、足元 の世界経済が極端なグローバル化が進行したポスト冷戦 20 年間と同様で あるとは到底いえず、むしろいま起こっていることは、地政学的緊張に端 を発した極端なグローバル化の修正過程であるとした。

　さらに、森原（2023b）において、こうした現実に企業ないし産業はど のように対応しうるのか、すなわち、企業ないし産業は、グローバル・サ プライチェーン（GSC）へのエクスポージャーをいかなる形でマネジメン トしうるのかを問い、国際生産の産業別特徴を類型化するための視点を整 理したうえで、国際事業活動を行っている主要な産業がどのように類型化 できるかを検討してきた。そこでは、ある種の機械工業（とりわけ半導体 産業を典型とするエレクトロニクス産業）がとくに GSC へのエクスポー

ジャーが高く、ゆえに GSC の混乱にともなう損失を被りやすいことが指摘された。さらに、こうした GSC へのエクスポージャーが高い産業において、産業・企業次元でとりうる対応策は限定的であり、足元で生じている地政学的な緊張という条件の下では政府介入が生じざるをえないことを明らかにした。

　以上を要するに、「地政学的緊張に端を発した極端なグローバル化の修正過程」において、地政学的紛争に起因する事業上の不確実性に産業／企業次元で対応するのは限界がある。ここでの問題の焦点は特定国・地域への集中そのものにあり、多かれ少なかれ、サプライチェーン全体の再編成や部分的な代替が必要になるからである。そこで、政府の積極的なオリエンテーションによってサプライチェーンの見直しを図る動きが出てくる。

　では、その動きはどのように理解されるべきか。一部の極端な議論にあるように、グローバリゼーションの完全な巻き戻し──保護主義や重商主義への回帰なのか。それとも、こうした動きはメイントレンドに対する一時的な逆行であって、大局的には取るに足らない問題なのか。本稿の課題はこの点について政策の系譜をふまえた検討をおこない、バイデン政権のアメリカをはじめ主要国が一様に掲げる「レジリエントなサプライチェーンの構築」という政策の歴史的意味を検討することにある。

　以下では、半導体産業のサプライチェーンを念頭に、直近 3 政権にわたるアメリカ政府の政策動向の系譜を振り返るところから始め（第 1 節）、次に米中の技術水準の相対的評価をもとにした中国政府の「焦り」をふまえたうえで、それにもかかわらずアメリカが GSC の政治的コントロールに乗り出している根拠を検討する（第 2 節および第 3 節）。そして、こうした政策が「相互依存の武器化」と呼ばれる潮流に位置づけられることを明確にしたい（第 4 節）。おわりにでは、以上のプロセスがグローバリゼーションにとってどういった含意を持ちうるかを示唆する。それを一言でいえば、「極端なグローバル化の修正と政府関与の復権」ということになる。

## 1. オバマ・トランプ・バイデン政権の対中政策

### (1) オバマ政権末期における対中警戒感の台頭

　アメリカ政府の半導体産業のサプライチェーンへの取り組みの萌芽はオバマ政権末期に芽生え、トランプ政権時代には具体的な政策や措置となった[4]。そして、バイデン政権に至ると、サプライチェーン問題は政権の優先課題のひとつに据えられるに至った。

　まずオバマ政権末期の2015年ごろから、アメリカの政府当局者のいくつかが中国の半導体産業に注目し始める。通商交渉担当者は中国の半導体補助金を国際協定への違反とみなすようになり、国防総省は計算能力を新たな兵器システムに応用しようとする中国の活動を監視し、情報機関や司法省はアメリカの半導体メーカーを締め出そうとする中国政府と産業界の共謀の証拠を積み上げた（Miller 2022=2023 : 403）。これらは以下のような具体的な動きにつながる。

　第1は、2016年3月7日に発表されたZTEとファーウェイの告発である。告発それ自体も重要だが、罰則として金融制裁ではなくアメリカ企業の部品販売規制が選択されたことが重要である（Miller 2022=2023 : 408）。ZTEのスマートフォンにはクアルコム、ブロードコム、インテルのチップが使用されており、部品販売規制は実質的に中国への技術移転を抑止する意味をもっていたと考えられるからである[5]。第2は、大統領選直前である2016年11月に行われたペニー・プリッカー（Penny Pritzker）商務長官によるCSISでの演説である。この演説が重要なのは、サプライチェーンに関して具体的な言及が初めてみられたことである。演説は「商務省産業安全保障局（BIS）は産業界と共同して半導体のサプライチェーンに関する詳細な調査を実施している」（US Department of Commerce 2016）と述べている。

### (2) トランプ政権における政府関与の抜本強化

　トランプ政権期の政府当局者もこうした関心を持続させるのだが、トラ

ンプ政権期の動きで特筆すべきなのは、この動きに政府の役割を再定義しようとする意欲が併存していたことである。トランプ政権期の国家安全保障会議における中国チームの結論は「21世紀のあらゆる競争の対象は、半導体の支配という土台の上に成り立っている」ということだった。「ライバルより『速く走る』という戦略も、彼らから見れば怠慢も同然」であり、政府の責任は明確にされなければならない（Miller 2022＝2023：409）。森原（2023a）で詳細に検討したように、「より速く走る run faster」（Meijer 2016）は、極端なグローバル化を国家安全保障上の利益の観点から正当化するためのナラティブであった。したがって、これが政治的に否定されるということは、政府当局者の政策を導く諸規範が質的に変化したと評価しうる。

　こうして、トランプ政権期には技術に関する政府関与が具体性をともなって強化された。第1に、輸出管理の強化（「輸出管理改革法　ECRA」）と外国企業の対米投資を審査するCFIUSの権限強化（「外国投資リスク審査現代化法　FIRRMA」）が図られた。すなわち、従来輸出管理規制（EAR）の対象だったのは製品化可能な技術だけであったが、製品化に遠い基礎研究、応用研究段階にある新興技術もECRAで対象とされた[6]。また、FIRRMAによって、CFIUSが審査対象とする「投資」が支配権の獲得を目指さないものも含まれるようになった。第2に、商務省エンティティ・リストに掲載される中国企業・組織等の範囲が拡大され、アメリカ製ハイテク製品・技術の禁輸措置が強化された。この規制は第三国企業にも域外適用されるため、アメリカ製の半導体製造装置等を利用する第三国企業からの半導体供給も遮断されることになった（松村 2022：149–150）。

## (3) バイデン政権——サプライチェーン問題の前景化

　現在のバイデン政権はどうか。バイデン政権の特質は、サプライチェーン全体の点検・再構築という統一的観点からトランプ政権期の取り組みをさらに強化し、また、同じ観点から同盟国や友好国と強調する枠組みをあらたに構築しようとしていることにある。

　サプライチェーン問題は、大統領就任時からのバイデンの優先課題で

あった[7]。2021年2月、バイデン大統領は、半導体など重要4業種のサプライチェーンの点検を行うよう命令する大統領令（E.O. 140174）を発出し「100日レビュー」の提出を求めた。そして、同年6月8日の「レジリエントなサプライチェーンの構築・アメリカ製造業の活性化・広範な成長の促進」（The White House 2021）と題された報告書が公表された（商務省、エネルギー省、国防総省、保健社会福祉省が担当）。

ここで同報告書の内容を詳細に紹介する余裕はないが[8]、その政治的な意味については指摘しておきたい。すなわち、第1に、サプライチェーンのレジリエンスの確保を政府全体で取り組むのは初めてのことであり、第2に、サプライチェーンで発生する危機に都度対応するのではなく、危機そのものが生じないようなサプライチェーンを構築することを目的にしているということである[9]。サプライチェーン危機に都度対応するのであれば、政府の役割は事業者への事後的補償などの消極的なものに限定されるだろう。しかし、危機そのものが生じないようなサプライチェーンを構築しようとするのであれば、事前の政府介入が必要となる。それには積極的な産業・技術政策だけでなく、同盟国その他との外交的な調整も必要になってくるだろう。

もともとバイデン（の政策チーム）は大統領就任以前から重要産業のGSCへのエクスポージャーを国家安全保障上の課題でもあると認識しており、2021年7月の大統領選時にはそのための計画案も発表していた（Pager 2020）。つまり、バイデン政権にとって、あるいは現在のアメリカ政府にとって、サプライチェーン問題とはたんなるビジネス上のリスク・ファクターではなく、国家安全保障上の問題なのであり、ゆえにサプライチェーンの点検・評価・再構築に政府が積極的に介入することは政治的に正当化されている。その他の問題では激しく対立するバイデンとトランプだが、対中政策という点では、あるいはそれを執行する政府の役割の再定義という点では、まったく同じ方向を向いていることになる。

こうした観点から、まず輸出・投資規制が抜本的に強化される。まず2022年10月に発表された新たなEAR（第1表）は、規制を緩和するどころか従来の内容を抜本的に強化するものだった[10]。通信社が「中国への技

## 表1　アメリカの半導体規制（輸出管理規則）

| | | これまで（～2022年10月）<br>最先端半導体を中国企業に禁輸<br>中国による最先端半導体生産の阻止 | 2022年10月発表の新規則と日蘭政府の追加規制<br>AI、スパコン分野の中国企業台頭を阻止<br>中国による先端半導体生産の阻止 |
|---|---|---|---|
| 主な対象品目 | 半導体製品 | ・最先端半導体（5G対応SoCなど）<br>※一部中国企業に対しては直接製造製品規制を適用 | ・先端コンピューティング・スーパーコンピューター用半導体<br>（AI半導体など）※直接製造製品規制が適用 |
| | 半導体製造<br>装置・ソフト | ・最先端半導体（10nm以下など）製造用の装置・ソフト（EUVなど） | ・先端半導体（14/16nm以下など）、先端コンピューター・スーパー<br>コンピューター半導体製造用の装置・ソフト（DUVなど） |
| 主な対象範囲 | 最終需要者 | ・安全保障上の懸念のある中国企業（大手テック企業など）<br>・一部の中国半導体企業（最大手ファウンドリ企業など） | ・その他の安全保障上の懸念のある中国企業（新興AI企業など）<br>・その他の中国半導体企業（新興メモリ企業など） |
| | 最終用途 | ・軍事最終用途（軍事最終需要者を含む） | ・スーパーコンピューター開発・製造にかかる用途<br>・先端半導体（14/16nm以下など）開発・製造に係る用途 |
| | 仕向地 | N/A（特段規制は存在せず） | ・先端コンピューター用半導体や設計ソフトなど一部品目に関しては<br>中国（仕向地）を対象 |
| | 米国人関与 | N/A（特段規制は存在せず） | ・先端半導体開発・製造に関する業務<br>（技術開発、製造装置の保守など） |

出典：米国商務省資料をもとにPwC作成。注：主な規制内容のみを記載しており、規制詳細は商務省産業安全保障局の資料を参照

（出所）南（2023：5）。

術移転に関する米国の政策において 1990 年代以降で最大の転換となる可能性がある」（Nellis et al. 2022）とみなし、中国に強い調査会社のアナリストが「ゲームチェンジャー」と評し、日本の政府関係者がその強硬ぶりに「主権を無視されたことに当惑している」と感想をもらすほどの内容であった（The Japan Times 2022）。

　そのポイントは以下の3点である。第1に、戦略的目的そのものが変化していること、すなわち「数世代先の技術的優位性を確保すること」から「できる限り大きな優位性を確保すること」（サリバン大統領補佐官）に変化していることである（後述）。第2に、中国の半導体産業の一部ではなく全体を射程に入れた規制になっていることである。つまり、中国の一部の先端的企業への輸出を禁止するだけでなく、先端半導体の開発・製造を最終用途とする輸出全体をも禁止するようになった。また、先端半導体や製造ソフトには仕向国規制が設けられ、中国への輸出そのものが禁止された。第3に、米国人が中国の新興技術の開発・製造に関与すること自体も禁止された（南 2022）。

　また、バイデン政権は EAR 以外の方法によっても中国への技術移転規制をかけている。2022 年 8 月に成立した「CHIPS および科学法（CHIPS プラス法）」は、この法律にもとづく補助金を受け取った企業は中国など

懸念国において、最大 10 年間、先端半導体やレガシー半導体を製造する能力を拡大する場合に厳しい制約を受ける（南 2023：5–6）。

こうした輸出・投資規制の抜本強化にくわえて、バイデン政権は同盟国・友好国とのサプライチェーンに関する枠組み構築に注力している（第 2 表）。2022 年 5 月 23 日にバイデン大統領みずからが発足を発表し、同年

第 2 表　フレンドショアリングに向けた国際的取り組み

| 枠組み | 内　容 |
|---|---|
| IPEF（インド太平洋枠組み） | ・2022 年 5 月 23 日に米・日・豪・韓・ASEAN 諸国など 13 か国と共同で立ち上げを発表。声明は①公正な貿易、②強靭で統合されたサプライチェーン、③クリーンエネルギー、④税・腐敗防止の 4 点を柱とする<br>・2022 年 12 月、2023 年 2 月、5 月、7 月、9 月、10 月に交渉官会合が開催（計 6 回）。2023 年 11 月 14 日閉幕の閣僚会合で重要物資の供給網で協力する協定に正式に署名。 |
| TTC（米・欧州連合貿易技術評議会） | ・2021 年 6 月 15 日に米・EU 首脳が発足で合意（バイデン政権発足にあわせて欧州側が 2020 年 12 月に提案したアジェンダがきっかけ）<br>・2021 年 9 月 20 日の第 1 回会合で（国務長官・商務長官・USTR 代表が出席）、①技術標準、②気候・クリーン技術、③安全なサプライチェーン、④情報通信技術・サービス（ICTS）の安全保障と競争性、⑤データガバナンスとテクノロジープラットフォーム、⑥安全保障と人権を脅かす技術の乱用、⑦輸出管理、⑧投資審査、⑨中小企業によるデジタルツールへのアクセス・利用の促進、⑩世界的な通商課題で作業部会立ち上げ<br>・2022 年 5 月 16 日の第 2 回会合は（出席者は第 1 回と同様）、技術標準分野において AI に関するサブグループが設置（欧州の AI 規制枠組み法案に沿う）、サプライチェーンについては、透明性の向上、早期警告・監視メカニズムの共同構築（欧州の半導体法案に原型）、希土類磁石・太陽光発電分野で合意<br>・2022 年 12 月 5 日の第 3 回会合は（出席者は第 1 回と同様）、AI に関する共同ロードマップを発表し、サプライチェーンについては、早期警告メカニズムの実施に向けた行政的な取り決めを締結する段階に入ったことを確認。米側のレモンド商務長官は第 3 回で踏み込めなかった輸出管理についても議論を深めたいとした<br>・2023 年 5 月 31 日の第 4 回会合は、AI 規制が焦点となった。「経済安全保障における対中政策について、共同声明では中国の全面的な名指しを避けつつ、中国を念頭に非市場的な政策や慣行へ対抗する用意があると言及するにとどめた。ブリンケン国務長官は記者会見で、EU はより強硬な対中政策を打ち出す米国と共同歩調をとれていないとする指摘に対して、両者の対中政策の立場は収れんしていることを強調。両者はともに、中国とのデカップリングでなく、デリスキング（リスク軽減）を目指していると述べた」 |
| APEP（経済繁栄のための米州パートナーシップ） | ・2022 年 6 月 8 日の第 9 回米州首脳会議で、①地域経済機関の再活性化と投資促進、②強靭なサプライチェーンの構築、③基本的な公共投資の底上げ、④クリーンエネルギー関連雇用の創出および脱炭素化と生物多様性の推進、⑥持続可能で包摂的な貿易の実現を柱とする構想を発表<br>・2023 年 1 月 27 日に米国、バルバドス、カナダ、チリ、コロンビア、コスタリカ、ドミニカ共和国、エクアドル、メキシコ、パナマ、ペルー、ウルグアイで正式発足（ブリンケン国務長官とタイ USTR 代表が同日の会合を主催） |

（出所）ジェトロビジネス短信をもとに筆者作成。

9月8日に初の閣僚会合が、2022年12月から2023年10月までに計6回の交渉官会合が開かれてきたIPEF（インド太平洋経済枠組み）がその筆頭である。IPEFは貿易やクリーン経済（エネルギー）、公正な経済の実現とともにサプライチェーンのレジリエンス確保を主要な課題のひとつとしている。具体的には、早期警戒システムの確立、重要鉱物のマッピング、主要産業部門のトレーサビリティに取り組むという。IPEFには日本、インド、韓国、オーストラリアとASEAN諸国など13か国が参加した[11]。また、2022年10月に強化されたEARの実効性を高めるために、日本やオランダと相次いで首脳会談を行っている[12]。

　欧州とのTTC（米・欧州連合貿易技術評議会）や米州のAPEP（経済繁栄のための米州パートナーシップ）でもサプライチェーン問題が主要な柱として位置づけられ、とくにTTCでは早期警告・監視メカニズムの構築だけでなくその実施についての行政的な取り決めを締結する段階に至るほどに交渉が進展している（2022年12月現在）。なお、欧州は、その後2023年6月20日に独自の経済安全保障戦略を発表した[13]。

　こうした外交・通商上の取り組みはトランプ政権時代にはみられなかったもので、それ自体がバイデン政権の特徴であるが、先述のように、「危機そのものが生じないようなサプライチェーンを構築する」という政権の政策課題の性格上、必然的に取り組まざるをえないことでもあった。実質的には中国経由のGSCへのエクスポージャーを政治的にコントロールすることに狙いがあるのは明らかであるので、当然、中国政府は反発している[14]。

## 2.　米中の技術水準の相対的評価

　ところで、2022年現在における半導体産業の個々のセグメントにおける付加価値産出の地域別比率をみてみると、アメリカはEDAやコアIP（72%）、デザイン（49%）、製造装置（42%）のような研究開発集約的なセグメントで高い存在感を示している。一方、半導体製造の前工程および後工程の付加価値産出の75%（7ナノメートル・チップのウェハ加工、組立・検査・実装を含む）が東アジアに集中しており、メモリー分野の付加価値

産出の過半（58%）は韓国である（森原 2023b：9）。つまり、ロジック IC の設計・デザインだけでなく、設計用ソフトウェア、先端半導体の製造、製造装置はアメリカないしアメリカの同盟国が高い存在感をもっているということになる。

　これを具体的にみると、世界の半導体の大半はアメリカに拠点を置くケイデンス、シノプシス、メンター 3 社のいずれかのソフトウェアを使って設計されている（メンターはドイツのシーメンスの子会社）。また、最先端のロジック・チップはすべて韓国のサムスンと台湾の TSMC の 2 社だけで製造されている。さらに、最先端の微細加工を行うにはオランダの ASML のみが独占的に生産している EUV リソグラフィ装置が必要である（Miller 2022=2023：427）。

　半導体産業は生産工程の垂直分裂が極端に進んだ産業であり（第 1 図）、「GVC の距離」が長い[15]。したがって、以上のうちどれかひとつ欠けただけでも最先端の半導体を生産することはできない。「一部が欠けたら中途半端な製品ができる」ということではなく、一部が欠けただけでまったく

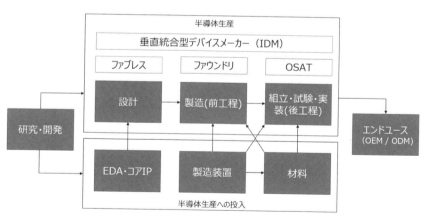

**図 1　半導体産業のサプライチェーン**

（注）白抜きはビジネスモデル、グレーの網掛けはサプライチェーンのセグメントを意味する。OSAT は後工程（組立・試験・実装）の受託請負。EDA は回路自動設計ソフト、コア IP とは回路の設計資産。
（出所）Khan, Mann and Peterson（2021：6）に一部加筆。

生産ができなくなる。だから、安全保障上の懸念その他の経済外的な理由がGSCへの参加による利益を上回ると政治的にみなされれば[16]、これらをすべて国産に置き換えるか、すくなくとも重要な部分を国内で代替しようとする発想が生まれるのは自然だろう。

　それが現実の政策となったのが、中国政府が2015年に発表した「中国製造2025」である。同年5月の「中国製造2025に関する通知」は「核心的な基礎部品・カギを握る基礎材料」について、2020年に40％、2025年に70％の「自主保障を実現する」とした。また、2015年10月に発表した「中国製造2025重点領域技術ロードマップ」は2015年時点ですでに41％あると指摘し、2020年に49％、2030年までに75％にするとしている（2017年改訂版では2016年時点の自給率を33％と訂正）（山田2022）。

　しかし、半導体産業と同じくGVCの「距離」の長い繊維・アパレル産業とは異なり、半導体関連の技術はきわめて高度である。そのため世界の半導体産業の設備投資額は巨額であり、2010年以降、ほぼ一貫して増加してきた。2018年以降は年間で1000億ドル超の規模が定着している（第

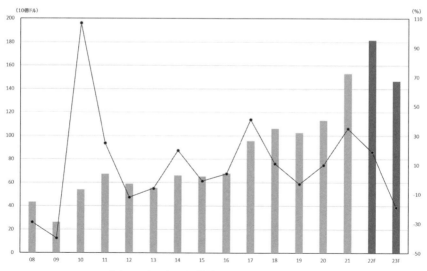

**図2　世界の半導体設備投資額の推移**

（出所）IC Insights. Fは予測値。折線は前年比上昇率。

## 第3表　中国の半導体「自給率」の試算

| | 調査／調査内容 | 自給率 | 備考 |
|---|---|---|---|
| 中国政府（中国製造2025） | 中国製造2025に関する通知　　　　　　（2015年5月） | 「核心的な基礎部品・カギを握る基礎材料」を20年に40%、25年に70%の「自主保障を実現する」との目標 | 中国専門家が公式とみなす数値 |
| | 「中国製造2025重点領域技術ロードマップ」（2015年10月） | ICの自給率が15年時点ですでに41%あると指摘。20年に49%、30年に75%まで高める目標 | |
| | 「中国製造2025重点領域技術ロードマップ（改訂版）」（2017年） | 16年時点の自給率を33%としたもの、目標を20年に58%、30年に80%と上方修正 | |
| ICインサイツ（米） | 中国のIC生産額／IC市場規模　　　（2022年5月中旬発表） | 16.7%（2021年実績） | |
| | 外資を除く中国のIC生産額／IC市場規模（2022年5月中旬発表） | 6.6%（2021年実績） | |
| 芯謀研究（中） | 中国ICメーカーの世界シェア　　　（2022年4月中旬発表） | 9.7%（2021年実績）※垂直統合メーカー：1.3%、ファブレス：26.5% | |

（出所）山田（2022）をもとに筆者作成。

2図）。これを一国だけで賄うのはきわめて難しいだろう[17]。

　実際、第3表にあるように、「中国製造2025」で打ち出した方針が達成されているのかどうかはかなり疑わしい。アメリカの調査会社のICインサイツによれば、2021年実績の「自給率」は16.7%であり、外資メーカーによる生産分を除くと6.6%となる。中国の独立系調査会社である芯謀研究の調査によっても、2021年の中国ICメーカーの世界シェアは9.7%であった（垂直統合メーカーは1.3%、ファブレス企業は26.5%）。「自給率」ないし「自主保障率」の概念があいまいであるため厳密な比較はもとよりできないが、「中国製造2025」以来の一連の中国政府の調査・計画は過大であるということははっきりしているだろう。ここには先端半導体分野における中国の焦りが透けて見える。

## 3. アメリカの相対的技術的優位とGSCの政治的コントロール

　以上だけをみれば、依然技術的優位を維持するアメリカが焦りを抱える理由はないようにみえる。だからこそ、GSCへの政治的スタンスあるい

は対中政策という点で一定の政治的対立が生じる余地もある（技術的にまったく劣位にあるのであれば、保護主義に傾かざるをえない）。その対立は、①米中の技術的関係をゼロサムとみなす「制限派」（対中タカ派、一部の人権擁護派、多数の安全保障関係者）、②米中の技術的連携はアメリカに利益をもたらすと認識する「協調派」（多数のビジネス関係者、テクノ・グローバリストの活動家、一部の進歩主義者）、③米中の技術的関係はコストと利益の双方を含むとみる「中道派」（多数の主流派シンクタンクのアナリスト、穏健派政治家、一部の州・地方の指導者）に分類されるとされる（Bateman 2022 : 42）。

　では、現在のアメリカのコンセンサスは以上の3分類のうちいずれにあるだろうか。現実には①でも②でもなく、①にバイアスのかかった③だと思われる。すなわち、一方では、2022年10月に公表された「国家安全保障戦略」が中国を「国際秩序を再編する意図をもち、それを実現するために経済的、外交的、軍事的、技術的能力をますます向上させている唯一の競争相手」（The White House 2022a : 8）と規定し、これを具体化する「国家防衛戦略」において「米国の安全保障に対して、もっとも包括的で深刻な挑戦をおこなっている」（U.S. Department of Defense 2022 : 4）と位置付けているように、もはや1990年代のような中国楽観論はありえない[18]。ここでは「より速く走る」をコンセンサスとしつつ、技術やサプライチェーンへの政府介入をほとんど否定してきた1990年代のような姿勢は明確に軌道修正される。これは2022年10月のEARの抜本強化に先立つ2022年9月に、ジェイク・サリバン（Jake Sullivan）大統領補佐官（国家安全保障担当）が以下のように演説していることから明らかである。

　　「輸出管理については、特定の重要技術において競争相手より『相対的』な優位性を保つという長年の前提を見直す必要がある。これまでは、数世代先の水準を維持する『スライド制』アプローチをとってきた。それは、現在、我々が置かれている戦略的環境ではない。先端ロジックやメモリーチップのような基礎的技術については、できるだけ大きな優位 lead を維持する必要がある」（The White House 2022b）

　つまり、ここでは「より速く走る」というアプローチは明確に否定されている。したがって、足元の相対的な技術優位を根拠に①に立つエスタブリッシュメントはきわめて少数だろう。

　しかし、他方では、中国の完全な「封じ込め」に向けてアメリカが歩みを進めているともいえない。まして、重商主義時代へ逆戻りしようとしているわけでもない[19]。すなわち、グローバリゼーションを一般的に否定しようとしているわけでもないのである。これは、連邦議会の超党派で構成される米中経済安全保障再考委員会（USCC）の現状認識とそれにもとづく対応策によくあらわれている（USCC の現状認識は議会の立法動向や連邦政府の政策にも大きな影響を与えるものであり、現時点でのアメリカの政策指導者の共通認識がどのような点にあるかを理解するうえでも貴重な材料である）。

　そこで、USCC の 2022 年度年次報告をみてみると、GSC と対中戦略との関係に関する総括的な現状認識は以下のとおりである。

　　「中国共産党の指導者は今日、グローバル・サプライチェーンにおける戦略的優位性と脆弱性を強く意識している。その結果、中国のサプライチェーンの状況について、攻めと守りの二重のアプローチが行われている。一方では、レアアースから原薬、携帯電話やコンピュータなどの ICT 製品に至るまで、多くの主要なグローバル・サプライチェーンにおいて中国が台頭することで獲得した戦略的てこを認識し、これらの分野における支配力を保護、強化、利用しようとしている。しかし同時に、半導体などのより高度な分野では、他国、とくに米国とその同盟国への技術的依存を認識し、深刻に悩んでいる。（…）この自信と不安のパラドキシカルな結びつきが、サプライチェーンにたいするより積極的なアプローチを促しているように思われる」（USCC 2022 : 299）。

　USCC はこうした自信と不安が政策として体系化されたのが習近平政権の「双循環」政策であり、これは「ますます中央集権化する経済安全保障戦略の最新のあらわれ encapsulation」（USCC 2022 : 300）であると規定する。

そのうえで、半導体産業については以下のような懸念を示す。第1に、半導体製造や半導体材料における東アジアへの地理的集中度はきわめて高く、仮に台湾海峡で武力紛争が発生すればその地政学的、軍事的打撃はきわめて大きいこと、第2に、特殊なガスや溶剤のような材料でサプライチェーンの可視性がほとんどなく、最終的にどこに依存しているのか誰も把握できていないこと、第3に、最終組立・実装・検査工程は中国に集中しており、バックドアに脆弱性を抱えていること、第4に、米中の半導体産業はエコシステムという点で共通する面があり、製造装置の輸出や設計資産のライセンス供与が「相手より速く走る」アメリカの能力を毀損する可能性があること、である（USCC 2022：379）。

　では、アメリカは「中国経由のサプライチェーンへの依存」を全面的に断ち切るべきか。過去の連邦政府の政策や議会の提言には（可能性のレベルでも）そうした極端なものはなく、また、上の年次報告書にもそうした提言はない。代わりに提言されているのは、サプライチェーンのマッピングを担う政府専門部局の設置である。この部局は、半導体やレアアース、医薬品などを対象に中国への直接・間接の依存度をデータで分析することを担う。とくに防衛上重要な（defense-critical）サプライチェーンが優先され、米中貿易の断絶が防衛出動にあたって国内で利用できる資源にどの程度影響を与えるかも評価する。またそうした影響がある場合、必要な資源を生み出す能力の開発支援メカニズムの構築も担う（USCC 2022：292–293）。

　当然のことながら、サプライチェーンのマッピングは、GSCの存在を前提しているのであり、GSCの否定ではない。ようするに、以上からうかがえるのは、現在のアメリカの対中政策およびGSC評価をめぐるコンセンサスは、中国を含むGSCを全面的に拒否するような「封じ込め」ではなく、それへのエクスポージャーを政治的にコントロールするという姿勢である。

## 4.「より速く走る」から「武器化した相互依存」へ

### （1）GSCと「武器化した相互依存」

　このことと国家安全保障との関係はどう整理されるべきか。GSCのマネジメントを企業任せにするのではなく、政治が役割を果たすことは国家安全保障といかなる意味で関係するのか。バイデンないしバイデン政権はGSCと国家安全保障とを結び付けて理解していたはずである。

　ヘンリー・ファレルとアブラハム・ニューマン（Farrell and Newman 2020）の「鎖につながれたグローバル化 chained to globalization」という見方を参照したい――ここでの「鎖」とはGSCという「鎖」である。ファレルらによれば、アメリカはグローバルなネットワークから撤退するのではなく共存すべきである。ただし、ネットワークへの参加はパワーを与えるとともに脆弱性も抱えることになる。政策立案者は脆弱性を最小化し、パワーを最大化するために、ネットワークの機能とともに、それぞれが相互にどのようにつながっているのかを理解しなければならない（マッピング）。

　ここでのネットワークの与える「パワー」が国家安全保障と直接にかかわる。すなわち、このパワーとは、かれらのいう「武器化 weaponized した相互依存」にほかならないからである（Farrell and Newman 2019）。ネットワークにおける個々のノード（結節点）は均一の役割を果たすわけではない。ある種のノードは「ハブ」としての役割を果たす。そうだとするならば、このハブは経済的な機会を与えるだけでなく、地政学的な意味もあるだろう[20]。すなわちハブを掌握する国家は特定の対象をネットワークから排除できる「チョーク・ポイント choke point」を握っていることを意味し、また、こうした国家はネットワーク全体を監視できる「パノプティコン効果 panopticon effect」も享受するだろう。

　アルバート・ハーシュマンが『国力と外国貿易の構造』で経済のもつ外交的・軍事的意味を検討した際に念頭にあったのは二国間における通商（おもに貿易）の遮断であった（森原 2023a：注10を参照）。しかし、生産のグローバル化が進み、GSCが一般化した現代においては、ネットワー

クからの排除が外交や安全保障における経済の役割になる（「経済安全保障」）。したがって、GSC のマッピングは、たんなる政策執行上の実務的課題以上の意味を持ちうる。また、そうした観点から、官僚機構の役割を見直して大規模な投資を行う必要があり（ネオリベラルな市場主義的な考えは、規制や監督に関する政府機能を切り捨ててきた）、経済と安全保障を区別してきた伝統的な障壁を取り除く必要があるとされる（政府の役割の再定義／復権）。

## (2) 集団的レジリエンスという名の集団的抑止

　もっとも、GSC へのエクスポージャーの政治的コントロールという取り組みは、経済的威圧（economic coercion）[21] を直接に排除するものではない。それゆえ、より積極的な（経済面での）集団的抑止（collective deterrence）の必要性を強調する議論もある。Cha（2023）のいう「集団的レジリエンス collective resilience」がそれである。

　かれは、リショアリングやフレンドショアリングは、中国が作り出すサプライチェーンの混乱から自国を守ることが目的で、中国の経済的威圧そのものの阻止はできないと強調する（つまり、「相互依存の武器化」では不十分であるとする）。だから、中国が高度に依存する品目を輸出している国々が団結し、それらの品目の禁輸可能性を明確に打ち出すことが必要であるという。その際、まずリーダーシップをとるべきはオーストラリア、日本、韓国、アメリカであり、くわえて、中国の経済的威圧を経験したことがある 12 か国（カナダ、チェコ、フランス、ドイツ、リトアニア、モンゴル、ニュージーランド、ノルウェー、パラオ、フィリピン、スウェーデン、イギリス）をこの枠組みに迎え入れるべきだとする。

　こうした考え方は、現実の外交的な取り組みにつながっているようにみえる。たとえば、2023 年 4 月 4 日に開催された G7 貿易大臣会合（議長国：日本）の声明は次のように唄う。

　「我々は、他の政府による正当な選択に干渉する経済的威圧に対する深刻な懸念を表明する。我々は、経済的威圧によるいかなる一方的な現

状変更の試みに対しても強く反対する。経済的威圧は、しばしば貿易及び投資関連措置を通じて行われ、経済安全保障及び自由で公正かつルールに基づく国際秩序を損なうものである。我々は、経済的威圧措置の使用を抑止し、それに対抗するため、我々のそれぞれの既存のツールを活用し、必要に応じて新たなツールを開発する。我々は、WTO における取組を含む既存の共同の取組の重要性を認識しつつ、経済的威圧に対する共同の準備、強靱性及び抑止力を高めるため、互いに、また、G7 を超えたその他の同志国のパートナーと共に、協力を推進し、協調を強化する。我々は、また、経済的威圧措置に対抗し、その損害を緩和するための対応を、しかるべく共同で検討する」（傍点引用者）[22]。

　経済的威圧への懸念と対処が G7 で取り上げられたのは 2022 年 9 月 15 日にノイハルデンベルクで開催された貿易大臣会合が初だったが、この年は、G7 以外の「その他の同志国のパートナー」に言及することはなく、また、連帯した共同的な取り組みへの言及は抽象的なもの（「経済的威圧に取り組むための協力を強化し、連携したアプローチを探求」）にすぎなかった。その半年後の 2023 年 4 月の会合では、上の引用で強調しているように、これらがいずれも具体化、強化されていることがわかる。これは、アメリカが 2023 年度の国防権限法で経済的威圧に対抗する省庁間組織の設置を規定したこと、EU 理事会が 2023 年 3 月 28 日に域外国による EU に対する経済的威圧への対抗措置の実施を可能にする反威圧措置規則案で暫定合意に達したことも大きく影響しているだろう[23]。
　アメリカを中心とする西側諸国は、GSC へのエクスポージャーへの政治的コントロールだけでなく、ある種の経済版集団的抑止の可能性を模索せざるをえない段階に入っているようにもみえる。

## おわりに——極端なグローバル化の修正と政府関与の復権

　本論文では、主として半導体産業を念頭に置きつつ、バイデン政権の掲げる「レジリエントなサプライチェーンの構築」の評価を試みてきた。

「エコノミック・ステイトクラフト」や「経済安全保障」の台頭にみられるように、1990年代から2000年代にかけての「極端なグローバル化」は2010年代に入って修正されつつある。しかし、産業や企業はこの時代に構築されたGSCを前提にして競争しているのであり、みずからその再構築に乗り出すことは容易ではない。そこで、1990年代には否定された政府による産業・技術への介入が2010年代後半以降、脚光を浴びるようになった。つまり、グローバリゼーションのもつ脱政治化効果は薄れ[24]、主権国家による政治的関与の存在感がふたたび高まっている。

　バイデン政権の掲げる「レジリエントなサプライチェーンの構築」とは、こうした時代における政府介入の特殊歴史的な形態である。それは重商主義時代への逆戻りではないが、GSCへの政治的コントロールは規範的に正当化され──「より速く走る」から「武器化した相互依存」へ──、2023年現在では経済版集団的抑止に向けた動きも見て取ることができる。この結果、主権国家の壁を事実上無視することのできた、ネオリベラルで極端なグローバル化を前提した企業経営のあり方も修正を余儀なくされる。ビジネスのさまざまな文脈で「地政学的リスク」が云々される背景にはこうしたことがあるだろう。

　第23代インド準備銀行の総裁だったラグラム・ラジャンは、最近のこうした傾向について「結局のところ、フレンドショアリングとは、価値観や制度が類似している国との取引を意味し、実際には開発レベルが類似している国との取引のみを意味することになる」と批判し、そこから途上国が排除される可能性を強く懸念している（Rajan 2022）[25]。GSCの政治的コントロールは、現時点では半導体など一部の産業・技術に限定されており、ラジャンの懸念は杞憂にみえるかもしれない。しかし、上で触れたように、「同志国」による具体的な枠組み構築に大国が踏み出している現状を踏まえれば、この懸念になんの根拠もないとはいえない[26]。

　1990年代の極端なグローバル化は廉価で品質の高い産品の入手可能性を劇的に高めた。これは、各国の成長の条件でもあったが、インフレ抑制の条件でもあった。ディスインフレは低金利と併存するので、日本をはじめ、主要国は財政の持続可能性に気をとがめる必要はなかった。しかし、

ラジャンのシナリオが現実になるのであれば、こうした経済構造は持続不可能になる（2020年代以降の世界的な金利上昇をその可能性の萌芽として捉えることもできるかもしれない）。その意味において、現在のGSCをめぐる問題は、現代の社会経済システムの将来をも左右する可能性があり、決して過小評価してはならないだろう。

　とはいえ、本論文の立場は、グローバリゼーションの完全な終焉を見越すものではない。現在生じているのは1990年代の極端なグローバル化を修正するものではあるが、それは冷戦時代のような封じ込めではない。いわゆる完全なデカップリングを主張する論者も一部にはいるが、依然としてそれは抽象的可能性の次元での議論にすぎないだろう。実際、有力な政治指導者の中に完全な対中デカップリングを主張する者は（トランプ元大統領の一時の発言を除いて）いない[27]。冒頭でも述べたとおり、重要なことは、デカップリングを一般的に否定することでもないし、完全なデカップリングへの道を抽象的に断言することでもない。グローバル化が進んできたにもかかわらず、主権国家の政治的関与が増大している現実を踏まえた分析が必要である。そうしたアプローチは、ネオリベラルで市場至上主義的な極端なグローバル化ではない、別の、公正で効率的なグローバル化を模索することにもつながろう。

　なお、テクノロジーの発達によって貿易それ自体が消滅し、事実上の完全なリショアリングが達成されるというシナリオを主張する論者もいる（Baldwin 2019）。

　2000年代初頭にはテクノロジーの発展が貿易の可能な財・サービスの範囲の拡大をもたらすと広く指摘された。ここではとくに国外移転可能なサービス職務（サービス・オフショアリング）の種類が検討され、それは、①顧客との対面接触の必要がなく、②提供されるサービスに占める情報の役割が大きく、③作業プロセスがインターネットに対応しているかもしくは在宅勤務が可能なものものとされた（Bardhan and Kroll 2003; Dossani and Kenney 2003; Blinder 2006）。そしてこれは極端なグローバル化の技術的条件のひとつでもあった。

　しかし、冷静に考えれば、こうしたプロセスはすべてテクノロジーによ

る労働代替／自動化を伴っている。この傾向が進めば賃金率格差をめぐる
裁定機会（賃金率にともなう立地特殊優位）がきわめて小さくなる現実的
な可能性があるともいえる。だからこそ、「2010 年代半ばにすでに始まっ
ていたイノベーションが『地産地消』を最適戦略とする」（河野 2022：
18）という指摘も出てくる。ただ、このシナリオは技術による労働代替が
飛躍的に進むという前提に立っており、その時間軸も超長期である。しか
も、もしこうしたことが現実化するのであれば、国際分業の経済的意味自
体をも（もっといえば労働の意味自体をも）消滅させるインパクトをもつ
のであり——つまりそれはグローバリゼーションの終焉というより、労働
の終焉である——、足元の評価とは切り分ける必要がある。したがって、
こうしたシナリオの検討は別稿を期したい。（2023 年 11 月脱稿）

注

1) 本稿は、日本比較経営学会第 48 回全国大会・統一論題「新自由主義的経営実
践のリセット——中国とインドの企業経営」(2023 年 5 月 13 日、於：岐阜大学)
の報告ために準備した予稿の一部を加筆、再構成したものである。報告者の中
屋信彦（名古屋大学）、竇少杰（立命館大学）、カンデル・ビシュワ・ラズ（名
古屋外国大学）の各先生、討論者の劉永鴿（東洋大学）、伏田寛範（日本国際
問題研究所）の両先生、司会の井手啓二（立命館大学名誉教授）、酒井正三郎
（中央大学名誉教授）の両先生からは大変貴重なコメントをいただいた。ここ
に記して感謝いたします。

2) ブレトンウッズ体制下のグローバル化と 1990 年代以降のグローバル化を区別
する見方として、ダニ・ロドリックの「ハイパー・グロバリゼーション」
(Rodrick 2011=2014) がある。本稿のおおまかな時代区分に関する基本的な発
想の仕方は、ロドリックのこれと同様である。

3) その象徴的事例が、外資系企業による対中直接投資の顕著な後退である。2023
年 4 ～ 6 月期の対中直接投資は確認できる 1998 年以降で最小となった。これ
は突然始まったものではなく、2022 年 4 ～ 6 月期以降、前年同期比で 5 割を超
える大幅な落ち込みが続いている（日本経済新聞 2023）。やはりこの点も 1998
年以降一度もなかったことであり、トレンドの転換をうかがわせる。

4) クリス・ミラー（Miller 2022=2023：402-412）はアメリカ政府の元高官複数名、
オバマ政権時代の当局者複数名、元政権幹部といったアメリカの政策指導者か
らの聴き取りにもとづき、きわめて具体的かつ微細に政策動向の変化を描いて
いる。以下のオバマ政権末期からトランプ政権期にかけての政策動向の記述は

ミラーに依拠している。

5）実際、この発表について取材を受けた米中の技術取引に関する専門家は「あきらかに技術貿易戦争がエスカレーションしている」としている（Osawa and Dou 2016）。

6）EAR のもとで輸出が禁止される中国の企業・団体は 633 に上る（2022 年 12 月 29 日現在）。このうちおよそ 8 割はトランプ政権が発足した 2017 年以降に加えられた（飛田 2022）。

7）2021 年 3 月に公表された「国家安全保障戦略暫定指針」は、「志を同じくする民主主義諸国と協力し、信頼できる重要なサプライチェーンや技術インフラを開発・防衛」するとしていた（Biden 2021 : 20）。

8）「100 日レビュー」の詳細な紹介については、井上（2023）を参照。

9）国家安全保障会議のピーター・ハレル（Peter Harrell）シニアディレクター（国際経済・競争担当）のプレスブリーフィングにもとづく（The White House 2021）。

10）BIS が 10 月 7 日に公表した追加輸出規制（OFR 2022a）のうち「未検証リスト」に登載されていた YMTC（長江存儲科技）なども同年 12 月 16 日に EAR に登載した（OFR 2022b）。

11）以上の整理については、ジェトロビジネス短信を参照した。

12）日本とオランダとの会談は米国内の半導体関連事業者からのロビーの影響もあった（小太刀 2023）。

13）同戦略のキーワードは「戦略的自律」と「デリスキング」である。すなわち、保護主義への回帰を目指すわけではないが（つまり「デカップリング」ではないが）、欧州の戦略的自律を確保するためにリスクを削減するデリスキングを追求するという趣旨である。そのために、2023 年 6 月時点において、①加盟国で統一できていない輸出制限規則の改善、②EU 企業による域外国での投資制限策に関する提案を同年末までに提案するとした（ジェトロビジネス短信による）。

14）中国の王毅外相は IPEF を地域の秩序を破壊するものであると批判した。また、2022 年 9 月 8 日〜9 日の IPEF 初の閣僚会合が行われると、中国は上海協力機構（SCO）首脳会議に合わせてロシアと会談した。SCO サマルカンド宣言（9 月 16 日）は、「カザフスタン、キルギス、パキスタン、ロシア、タジキスタン、ウズベキスタンは中国の打ち出した一帯一路を支持することを改めて確認する」とした（荒木 2022 : 121）

15）「GVC の距離」の詳細については、森原（2023b）を参照せよ。

16）Demir and Solingen（2021）は、欧米の GSC に参加することで得られる経済的利益が国内統治にも寄与すると考える中国国内の「GSC 維持派」が、トランプ政権時代に激化した地政学的緊張によって政治的打撃を受けたと強調する。かれ

らに代わって台頭したのが「GSC 代替派」であり、かれらは「欧米主導の GSC を中国企業とりわけ国有企業の支配する GSC にほぼ完全に置き換えることを支持する」という。

17）ただし、ファーウェイが 2023 年 8 月末に発表した新型スマートフォン「Mate 60 Pro」には回路線幅 7nm のチップが用いられていた。ファーウェイの半導体製造パートナーは SMIC（中芯国際集成電路製造）であり、SMIC は旧来の製造装置を用いて 7nm のチップの製造に成功したとみられる。ブルームバーグの整理によれば、7nm チップはアメリカの 4 年遅れということになる（アメリカの輸出規制は中国の技術力を自国の 8 〜 10 年遅れで維持することを目指している）（Bloomberg 2023a）。また、同デバイスに用いられているモジュールの大半は中国製であった。ブルームバーグが分解調査した 2023 年 9 月頭時点で確認された国外製のモジュールは、韓国 SK ハイニックスのメモリーのみであったのである（Bloomberg 2023b）。以上の事実は、中国政府の掲げる「自主保障率」向上策の反映であると評価でき、「Mate 60 Pro」は同政策を体現する戦略的なデバイスとみることができると考える。

18）1990 年代半ばから 2000 年代にかけての対中関与政策の変遷とその否定については、森原（2022）を参照されたい。

19）たとえば、前出のサリバン補佐官は「通商政策は関税削減以上のものである」と述べる一方で、次のようにも指摘する。「一方で、すべてを国産化することは現実的ではないし、望ましいことでもない。我々の目的は自給自足ではなく、サプライチェーンのレジリエンスと安全性である」（The White House 2023）。

20）周知のように、第 2 次大戦後における経済的相互依存をめぐる政治学的理解は、相互依存における対称性と非対称性を分析する形で具体化された（Keohane and Nye 2012）。非対称的相互依存の下での「協調」は「追従」と紙一重であり（Strange 1996=1998）、「相互依存」におけるヘゲモニーの契機がまったく無視されてきたわけではない。Farrell and Newman (2019) の遂行性は、こうした現実を（大国の）安全保障の観点から積極的に活用しようとする点にある。それは、中国が非対称的相互依存を自国のヘゲモニーのために活用しようとする意志をもち、しかも決定的なことにその能力も備え始めているというアメリカの危機感に起因するだろう。

21）「経済的威圧」という概念の系譜については、森原（2023b）を参照せよ。

22）日本政府仮訳にもとづく。

23）EU 理事会のプレスリリース（Council of the EU 2023）にもとづく。

24）グローバリゼーションのもつ脱政治化効果を重視している論説として、櫻井（2020）を参照せよ。なお、ここで注意しなければならないのは、「脱政治化」といっても、それは「脱政治化という名の政治」だったということである。市場至上主義的な新自由主義の時代においては、市場の名においてきわめて権威

主義的な政治的意思決定がおこなわれた。つまり、この時代においても実際には、「小さな政府などどこにもみあたら」（溝端 2022：5）なかったのである。それにもかかわらず、政府など存在しないかのようにみなされてきた。そして、いま我々は主権国家の復権に「驚いて」いる。この点こそが知的に重要な問題を構成する。

25）同様の指摘として、CSIS のエミリー・ベンソンらのレポートがある（Benson and Kapstein 2023）。

26）足元の先端技術分野におけるデカップリングがより広範なデカップリングへの触媒になるのかどうかが問われるべきである。ここで触れた国際枠組みとともに投資規制の範囲がより広くなっていけばその可能性はありうる。同様の指摘として Capri (2023) がある。

27）たとえば、アメリカのレモンド商務長官は 2022 年 11 月 30 日の演説で「我が国経済と中国経済の切り離しを追求しているわけではない。我々の経済的利益や国家安全保障上の利益、人権上の価値を脅かさない分野での貿易と投資を促進したいと考えている」と明言している（U.S. Department of Commerce 2022）。また、注 13 でも触れたように、EU のフォン・デア・ライエン委員長も 2023 年 3 月 30 日の演説で中国とのデカップリングは欧州の利益にはならず、問題はリスクの軽減（デリスキング）であるとしている（European Commission 2023）。この点は行政府に属さない政治家も同様である。たとえば、対中強硬派で知られる有力下院議員のマイク・ギャラガー（Mike Gallagher）ですら完全なデカップリングは否定している（Flatley 2023）。

## 参考文献

荒木千帆美（2022）「中国の『一帯一路』と日米のインド太平洋への姿勢——経済的枠組みをめぐるインド太平洋戦略・構想との相互関係性」参議院事務局企画調整室編『立法と調査』（451）、11 月 1 日。

井上博（2023）「米中経済のデカップリングとアメリカ製造業の『復活』——トランプ政権からバイデン政権への展開」Occasional Paper No. 71、阪南大学産業経済研究所、2023 年 3 月。

河野龍太郎（2022）『成長の臨界』慶応義塾大学出版会。

小太刀久雄（2023）「先端半導体の対中禁輸、米産業界の的は日本とオランダ」『日経ビジネス電子版』2023 年 2 月 7 日。

櫻井公人（2020）「グローバリゼーション——『アメリカ第一主義』の起源と帰結」斎藤修・古川純子編『分水嶺にたつ市場と社会——人間・市場・国家が織りなす社会の変容』文眞堂、所収。

飛田臨太郎（2022）「米の対中禁輸企業、600 超に　ハイテク軸、分断深まる」『日本経済新聞』2022 年 12 月 29 日付朝刊。

日本経済新聞（2023）「外資の中国投資　最小　米中対立の激化懸念　4〜6月87%減」『日本経済新聞』2023年8月13日付朝刊。

松村博行（2022）「科学技術領域にみる米中対立の構図」中本悟・松村博行編『米中経済摩擦の政治経済学——大国間の対立と国司秩序』晃洋書房、所収。

溝端佐登史（2022）「国家主導資本主義の経済学」溝端佐登史編『国家主導資本主義の経済学——国家は資本主義を救えるのか？』文眞堂、所収。

南大祐（2023）『加速する米中デカップリング——米国主導の対中半導体輸出規制とその事業影響』PwC Japan、4月3日。

森原康仁（2022）「自由な越境移転か、ローカライゼーションか——米中間の構造問題としてのデータをめぐる角逐」日本国際経済学会編『国際経済（日本国際経済学会研究年報）』74、11月。

―――（2023a）「多国間主義の逆行現象と極端なグローバル化の修正」『専修経済学論集』58（1）、7月。

―――（2023b）「地政学的緊張下のサプライチェーン・マネジメント——国際生産の産業別パターンとGSCへのエクスポージャー」『専修大学社会科学研究所月報』（720）、6月。

山田周平（2022）「中国半導体産業の実力　『自給率』で測る難しさ」『日本経済新聞』2022年6月22日付朝刊。

Bardhan, A. D. and C. A. Kroll. (2003) *The new wave of outsourcing*, Fisher Center for Real Estate and Urban Economics, Report Series no. 1103, University of California, Berkeley, Fall.

Bateman, J. (2022) *U.S.-China Technological "Decoupling": A Strategy and Policy Framework*, Washington, D.C.: Carnegie Endowment for International Peace.

Baldwin, R. (2019) *The Globotics Upheaval: Globalization, Robotics, and the Future of Work*, New York, NY: Oxford University Press.（高遠裕子訳『GLOBOTICS——グローバル化＋ロボット化がもたらす大激変』日本経済新聞出版社、2019年。）

Benson, E. and Kapstein E. B. (2023) "The Limits of 'Friend-Shoring'", CSIS Report, February.

Biden, J. R. (2021) *Interim National Security Strategic Guidance*, March.

Blinder, A. S. (2006) "Offshoring: The next industrial revolution?", *Foreign Affairs*, 85 (2), 113–128.

Bloomberg (2023a) "Huawei Takes Revenge as China Catches Up on Semiconductors", *Bloomberg*, September 29.

―――（2023b) "Huawei's Mate 60 Pro Phone Shows Large Step Toward Made-In-China Parts", *Bloomberg*, September 8.

Capri, A. (2023) "Is China-Decoupling A Myth?", *Forbes*, February 14.

Cha, V. (2023) "How to Stop Chinese Coercion: The Case for Collective Resilience", *Foreign Affairs*, January/February 2023.

Council of the EU (2023) "Trade: political agreement on the anti-coercion instrument", Press release, March 28.

Dossani, R. and M. Kenney (2003) *Went for cost, stayed for quality?: Moving the back office to India*, Asia-Pacific Research Center, Stanford University, November.

European Commission (2023) "Speech by President von der Leyen on EU-China relations to the Mercator Institute for China Studies and the European Policy Centre", March 30.

Farrell, H. and A. L. Newman (2019) "Weaponized Interdependence: How Global Economic Networks Shape State Coercion", *International Security*, 44 (1), 42–79.

———— (2020) "Chained to Globalization: Why It's Too Late to Decouple", *Foreign Affairs*, January/February 2020.

Flatley, D. (2023) "Apple at Heart of US-China Selective Decoupling, Gallagher Says", *Bloomberg*, April 9.

Hirschman, A. (1945) *National Power and the Structure of Foreign Trade*, Berkley: University of California Press.（飯田敬輔監訳『国力と外国貿易の構造』勁草書房、2011 年。）

Keohane, R. O. and J. S. Nye Jr. (2012) *Power and Interdependence, 4th ed.*, New York: Longman.

Lewin, A. Y., and C. Peeters (2006) "Offshoring Work: Business Hype or the Onset of Fundamental Transformation?", *Long Range Planning*, 39 (3): 221–239.

Manyika, J., J. Mischke, J. Bughin, J. Woetzel, M. Krishnan and S. Cudre (2019) "A new look at the declining labor share of income in the United States", McKinsey Global Institute Discussion Paper. May 2019.

Meijer, H (2016) *Trading with the Enemy: The making of US export control policy toward the People's Republic of China*, New York, NY: Oxford University Press.

Miller, C. (2022) *Chip War: The Fight for the World's Most Critical Technology*, London: Simon & Schuster.（千葉敏生訳『半導体戦争——世界最重要テクノロジーをめぐる国家間の攻防』ダイヤモンド社、2023 年。）

Nellis, S, K. Freifeld and A. Alper (2022) "U.S. aims to hobble China's chip industry with sweeping new export rules", Reuters, October 10.

OFR (Office of the Federal Register) (2022a) "Implementation of Additional Export Controls: Certain Advanced Computing and Semiconductor Manufacturing Items; Supercomputer and Semiconductor End Use; Entity List Modification", *Federal Register*, 87 (197), October 13.

——— (2022b) "Additions and Revisions to the Entity List and Conforming Removal From the Unverified List", *Federal Register*, 87 (242), December 19.

Osawa, J. and E. Dou (2016) "U.S. to Place Trade Restrictions on China's ZTE: New restrictions will make it difficult for ZTE to buy components, software from U.S. suppliers", *The Wall Street Journal*, March 7.

Pager, T. (2020) "Biden Offers Plan to Bolster U.S. Supply Chains in Crises", *Bloomberg*, July 8.

Rajan, R. G. (2022) "Just say no to 'friend-shoring'", *Project Syndicate*, June 3.

Rodrik, D. (2011) *The globalization Paradox: Democracy and the future of the world economy*, New York: W. W. Norton & Co.（柴山桂太・大川良文訳『グローバリゼーション・パラドックス──世界経済の未来を決める 3 つの道』白水社、2014 年。）

Strange, S. (1996) *The Retreat of the State: The Diffusion of Power in the World Economy*, Cambridge, MA: Cambridge University Press.（櫻井公人訳『国家の退場──グローバル経済の新しい主役たち』岩波書店、1998 年。）

The Japan Times (2022) "Biden's chip curbs outdo Trump in forcing world to align on China", *The Japan Times*, November 14.

The White House (2021) "Press Briefing by Press Secretary Jen Psaki, Deputy Director of the National Economic Council Sameera Fazili, and Senior Director for International Economics and Competitiveness Peter Harrell, February 24, 2021", February 24.

——— (2022a) *National Security Strategy, October 2022*.

——— (2022b) "Remarks by National Security Advisor Jake Sullivan at the Special Competitive Studies Project Global Emerging Technologies Summit" September 16.

——— (2023) "Remarks by National Security Advisor Jake Sullivan on Renewing American Economic Leadership at the Brookings Institution", April 27.

USCC (U.S.–China Economic and Security Review Commission) (2022) *2022 Report to Congress*, November 15.

U.S. Department of Commerce (2022) "Remarks by U.S. Secretary of Commerce Gina Raimondo on the U.S. Competitiveness and the China Challenge", November 30.

——— (2016) "U.S. Secretary of Commerce Penny Pritzker Delivers Major Policy Address on Semiconductors at Center for Strategic and International Studies," November 2.

U.S. Department of Defense (2022) *2022 National Defense Strategy*, October 27.

（もりはら やすひと／専修大学）

# 日本比較経営学会の未来形

田　中　　　宏

## はじめに

　2020 年から 3 年間、日本比較経営学の理事長という大役を、学会の学会員の皆さんのご協力のもとに、無事終えることができました。この紙上をお借りしてお礼申し上げます。ありがとうございました。2023 年第 48回全国大会（岐阜大学）では理事長講演が要請され、「わたしの比較経営研究の歩みと学会の未来形」について語ることになりました。本稿では、その後半部分を再録・拡張していきます。その狙いは、この 3 年間に感じ考えてきたことを日本比較経営学会の未来形というものに造形し直していくことにあります。

　理事長を拝命したときは完全退職の直前でしたので、今後 3 年間の任期にどのようにしてこの学会を「リード」していくのか、全く心構えもまたアイデアもありませんでした。最初に任せられた仕事は、今後 3 年間のあいだ全国大会で探求する研究テーマを設定することでした。この時思いついたのは「ポスト株主資本主義の経営」というタイトルでした。このタイトル自体は、私自身の学術的研究の裏付けに基づくものではありません。2019 年 8 月に米国の最大の経済団体・ビジネス・ラウンドテーブルが出した「企業の目的に関する声明」によるものです。その後、我が国の学会や政財界でも「新しい資本主義」が議論され、論争されるようになりました（現在も進行形です）。3 回の全国大会はこのタイトルで通しましたが、最後は息切れして、大会プログラム委員会は大変苦労されたようです。このような大変さの一端はこのタイトルを設定した者の学術的蓄積の不足か

ら来ています。

　理事長講演を要請されたとき、考えた題目は「2021年2月21日比較経営学会西日本部会報告である「ポスト株主資本主義をどのように展望するのか？」を拡張すればよい、と思っていました。だが、2023年になってすこし迷いが出てきました。そこには2つの要因があります。その1つは上記の息切れです。2つ目は、他の社会科学系の学会と同様に、本学会も会員の数が減少しそして高齢化するという問題に直面していたからです。その問題といかに立ち向かうのかという課題は、「学会未来特別プロジェクト」の仕事として委託されていました。

　この委託された「宿題」が未提出のまま、任期を終了するわけにはいきません。本稿では、90度ほど違った角度からこの課題に切り込んでみたいと思います。

## 学会誌『比較経営研究』のテーマ別・国別分布

　最初は、過去15年間に投稿された『比較経営研究』のテーマ別・国別分布を見ていきたい。図表1がその一覧表です。全国大会の共通セッションの論文と自由投稿の論文とは区別していません。1論文で1点です。2つ以上のテーマや国を対象としているケースでは、それぞれ0.5点を配分しています。内容の質的評価は換算していません。ここからは3つの特徴を読み取ることができます。

　第1の特徴は、1990年代から2000年代と比較して、会員数の減少に伴い、全国大会のセッション数、報告数が減少していることです。

　第2の特徴を、国別でみると、日本と資本主義全般・市場経済が最大の比率を占め、その次に中国・台湾が来ている。企業を取り巻く資本主義全般・市場経済を独自に対象としている点に一つの特徴があります。また、旧社会主義経営学会の時代に属した対象国から解放されて対象国に拡がりが見られるが、それでもその対象国の広がりは十分ではありません。ここに経営比較の可能性が残されています。

　第3の特徴を、テーマ別でみると、CSR・SDGs・労働が最も多く、次に

図表1　「比較経営研究」15年間特集・投稿論文のテーマ別・国別一覧

| 対象国 | 資本主義企業 | | | | グローバリゼーション | | | 市民社会 | | 多国籍企業 | 自動車 | 軍 | 技術革新・イノベーション | | | 中小企業 | 批判的経営研究 | 原発 | エネルギー・電力 | 主要港湾 | 大学 | 経営学史・理論制度・裁判制度 | 教育 | 宗教・倫理・経済 | 小計 |
|---|---|---|---|---|---|---|---|---|---|---|---|---|---|---|---|---|---|---|---|---|---|---|---|---|---|
| | CSR/SDGs | S/労働・教育・食料 | 文化 | 企業・経営 | 金融・通貨 | 福祉化/地域・環境 | 社会的企業・NPO | 理念・信仰・宗教・倫理 | | | | | チェーン・レート・ガバナンス | コーポレート・ガバナンス | ベンチャー企業 | | | | | | | | | | |
| 一般・市場経済 | 7.5 | | | 6 | | | 10 | | 2 | | | | 1 | 3 | | | | 2 | 1 | 2 | | 1 | 1 | 0.5 | 34 |
| ロシア/カザフ | 1 | | | 2 | 1.5 | | 0.5 | | | | | | 1 | | | 1 | | | | | | | 1 | | 8 |
| ドイツ | 2 | | | 2.5 | | | | | 2 | | | | 1 | 2 | | | | 1 | | 1 | | | | | 9 |
| ハンガリー | 1 | | | | 0.5 | | | | | | | | | | | | | | | | | | 1 | | 2 |
| 中国/台湾 | 3 | 1 | | 2.5 | 0.5 | 1 | 2 | | 1 | | | | 1 | 1 | | | | 1 | | 1 | | | | | 15 |
| 日本 | 6.5 | 2 | | 2.5 | 1 | 3 | 2.5 | 0.5 | | 1 | | | 2.5 | 2 | | | | 1 | 0.5 | 1 | 2 | 2 | 3 | 1 | 30.5 |
| 多国籍企業 | | | 1 | | | | | | | | | | | | | | | | | | | | | | 0.5 |
| メキシコ | | | | | | | | | | | | | | | | | | | | | | | | | 0.5 |
| インド/東南・南アジア | | | | | 0.5 | | | | | | | | | | | | | | | | | | | | |
| ルワンダ | 2 | | | 1 | | | | | | | | | 1 | | | | | | | | | | | | |
| アメリカ | 1 | | | 1 | | 1 | | | | | | | 1 | 1 | | | | 2 | | | | | | | 4 |
| 韓国 | | | | 2 | | 1 | | | | 1 | | | | 1 | | 1 | | | | 1 | | | | | 6 |
| イスラーム | 2 | | | | | | 1 | | | | | | | | | | | | | | | 1 | | 1 | 5 |
| EU | | | | | | 1 | 1 | | | | | | 1 | | | | | | | | | | | | 4 |
| ポーランド | | | | | | | 1 | | | | | | | | | | | | | | | | | | 3 |
| 英国 | | | 1 | | | | | | | | | | | | | | | | | | | | | | 1 |
| 小計 | 24 | 3 | 1 | 20.5 | 5.5 | 4 | 17 | 0.5 | 2 | 3 | 2 | | 11.5 | 6.5 | 2 | 3 | | 4 | 2 | 3 | 4 | 2 | 3 | 2.5 | 124 |

33号　CSRの国際潮流
34号　グローバリゼーションとBRICs
35号　世界同時不況と企業活動の新たな動向
36号　コーポレート・ガバナンス改革の国際比較
37号　高リスク社会における中小企業
38号　市民社会を支える企業経営
39号　多様な資本主義と企業社会
40号　市民社会の可能性と企業の役割・責任
41号　原発問題と市民社会の課題
42巻　市場経済と市民社会の主体をもとめて
43巻　新たな企業革命と企業経営
44巻　持続可能な社会と企業経営
45巻　CSRの再検討
46巻　ポスト株主資本主義の経営
47巻　ポスト株主資本主義の歴史を求めて

企業・経営、技術革新・開発・イノベーション、コーポレートガバナンス、市民社会・企業社会・国家、エネルギー・環境・原発問題が続いています。これは第2の特徴と関係し、現代社会が直面している重要な諸課題を中軸にすえた研究がこの学会でも蓄積されてきたことを意味しています。

　後者の2つの特徴は比較経営学会のプラスの側面です。

## 現代経営学の危機

　これらの特徴をどのように評価するのか、を考えるために1冊の本を取り上げます。デニス・トゥーリッシュの『経営学の危機　詐欺・欺瞞・無意味な研究』白桃書房、佐藤郁哉訳、です。

　トゥーリッシュは英国サセックス大学のビジネススクールの教授ですが、ビジネススクールをはじめとする欧米の経営学の危機について子細に論じています。サセックス大学は2008年2か月（2月〜3月）だけ滞在したことがあります。私の滞在は科学政策研究ユニットSPRUの所長Nick von Tunzelmannの招待によるものでした。SPRUは科学・テクノロジー・イノベーション政策とそれらのマネジメントを研究する世界的なシンクタンクです。残念ながら、デニス・トゥーリッシュとの接触はありませんでした。

　本書は、佐藤氏によって、組織エスノグラフィー研究として高く評価されています。トゥーリッシュ氏によれば、経営学研究の分野では、本当の意味で重要な問題（例、金融危機を全く研究せず）を無視し、代り映えのしないテーマの繰り返し、その些細なバリエーションを付け加えただけの論文が多い。その研究者の学術生活と大学はごく少数の一流ジャーナルに論文を掲載することの圧力に支配されている。通説に挑戦するのではなく、些末な問題、クズの問題に取り組んでいくのが賢いやり方です、とこのように批判している。現代の数理経済学が数理モデルを極めて現実の経済問題の解決から離れて研究しているのと同じ姿がここにあります。比較経営学では、体系的かどうかは別として、実際の現場まで下りて観察する

ことを通常行っています。

　興味深いのは後半部分の批判です。訳者の佐藤郁哉氏は、日本の経営学
研究も国際ジャーナルへの投稿競争が日本の経営学研究の独自性を霧散霧
消させてしまっていると危機感をもって嘆いています。その点で日本比較
経営学会はどうだったでしょうか。図表1で振り返りましたが、半ば免れ
ていると判断できます。比較経営学会の元理事長・百田義治先生は『現代
経営学の基本問題』（中央経済社、2020年）で「社会に波風を立てる」こ
との必要性を説かれています。丸山惠也編著『批判経営学』（新日本出版
社、2005年）もこの流れのなかにあります。

　話を戻して、その点をより詳しく見ると、以下のような4つの問題が指
摘されています。

　第1に、「現実関連性」、レリバンスの重要性を強調します。しかし、こ
れは実務家と「親しくする」ことではない。反対に、利害関係を超越した
研究の在り方をビジョンとして持たなくてはならない。しかし現実は
ジャーナルランキング、引用指数、インパクファクター重視、業績達成志
向のプレッシャー、手段優先主義的動機による自信喪失状態があります。

　第2は、研究のインテグリティ（道徳的・人格的誠実さ）の欠如です。
大学では卓越性エクセレンスを追求しているが、ダーウィンの『種の起
源』（本文の最後で、「最も美しくかつ最も素晴らしい限り無いほど多様な
形態の生命が進化してきたのである」という文で締めくくっている）の
「進化」という視点で、愛と憎しみ、楽観主義と絶望の両極端のなかで進
化するものとして組織を把握すると、それはどのように改善できるのかに
ついて議論する無数の機会を与えてくれてはずだと励ましています。

　第3に、オーセンティック・リーダーシップ論（無根拠の仮定、同義反
復的論法）、エビデンスベースの経営（EBM: 経営者に関わる狭いエビ
デンス、時代遅れ）、欧米の批判的経営研究CMS、主流派経営学批判（そ
の単元主義への異議申し立て、理論化という快適な場所への引きこもり、
実際に暮らしている現実の世界についての説得力のある説明、真剣な提案
なし、批判のための批判、古典の繰り返しの引用）ではなくて、批判的パ
フォーマティビティ（社会的変化のための各種の経営理論に関与し、そこ

で批判的エッジを立てること）を追求すべきであると主張しています。

　第4に、新しいテクノロジー（情報通信技術や人工知能）の影響について、誰の利益になるのか、人々のための導入とはどんなことかについて論じなければなりません。現実的関連性を追求する必要があります。ない場合は共犯関係になります。これは、企業の終焉論やユニバーサル・ベーシンクインカム導入論へと影響を及ぼします。

　現実関連性重視、研究のインテグリティ（道徳的・人格的誠実さ）の重視、各種の既存経営理論に批判的エッジを立てること、市民・労働者の多数のためになる新しいテクノロジー導入の視角を重視すること、これらの点で、トゥーリッシュは単なる悲観論に陥る必要はないと述べています。図表1からも推察されるように、これらの4つの批判的特徴は比較経営学会も共有していると思います。ところが、トゥーリッシュによるその克服の方法論的道筋については、佐藤氏の論評は見当たりません。

　トゥーリッシュによると、例えばEBM論への批判は、批判的実在論の認識論と重なり合って、整合的だそうです。この指摘には驚きました。私自身は、約10年前から、研究方法論として批判的実在論に取り組んできたからです。日本の経営研究のなかではあまり成果は出ていませんが（例外は筈井俊輔（2021）『なぜ特異な仕事は生まれるのか？』京都大学学術出版会）、現在、立命館大学社会学部の名誉教授である佐藤春吉先生の研究グループに参加して苦戦しています。

　トゥーリッシュによると、批判的実在論の特徴は、（1）レトリックに関して、批判的に検討すること。研究の結論の前提がどのようなもので正当であるかどうか、企業の経営幹部を超えて多くの利害関係者にとっての意味から考えること、（2）通念（伝統）にとって懐疑的・批判的であること。既存の経営慣行、株主価値の優先に疑問を投げかけ、社会的結束、公平性、長期的有効性に光をあてること、（3）単一の支配的見方への懐疑、権威への批判。しかし、権力のダイナミックスの解体ではなくて、抑圧的な兆候の権力を排除できる、解放的な組織形態の在り方を模索すること、（4）情報と知識に対して懐疑的、客観性への批判。現時点での知識の有効性の問い直し、情報の価値自由への批判、知識は社会的プロセスを通じて構築

されること、として4点に改革の方向性を要約しています。つまり、経営行為は客観的領域と主観的領域の交差する場に位置し、そこに不確実性と主観性の要素が残る点を認識し、固有の制約があることを認めています。

## 批判的実在論と比較経営学

トゥーリッシュ氏によると、このような批判的実在論がEBMに対して以下の6つの変革的インパクトを与える可能性があります。

（1）経営科学の「エビデンス」は人間が必然的に使用する比喩的表現に影響を受けすぎている。比喩的説明で確実な解釈は不可能です。批判的実在論による文献レビューは「不確実性の漸進的な縮減」を目標とするにすぎない。エビデンスは創発的で開かれたものです。因果推論では、知られてないことと知られていることの確認、合意されているものと合意されていないことの区分が大事で、エビデンスがどの角度から、どの意味で、その程度に確信があるのか、意識せよ、ということです。

（2）文献レビューではさまざまのエビデンスを批判的吟味の上で利用する必要性。特定な方法を他の方法よりも優先するのではなく、研究対象に適した方法を選択せよ。唯一の仮説決定論ではなく、見込みがありそうな仮説を生成することが大事です。

（3）社会的世界に対する我々の認識は、所属利害関係集団によって異なり、相互に異なる複数のものが存在する。競合する利害関心を反映せよ。文献レビューは経営者という狭い範囲を超えるべきで、研究プロジェクトはエビデンスに基づく経営ではなく、エビデンスに基づく組織化として再構想すべきです。

（4）倫理と価値に関わる問題は経営研究の中心的位置を占めるべきです。「どうすればうまくいくのか」という問いは「どうすれば誰にとってうまくいくのか？　どのような理由で？　どれだけの時間で？　誰の利益になるのか？」という疑問に再構成すべきです。

（5）批判的実在論は、物事には曖昧さと不確実性がつきまとうという認識をもつ一方で、どのような行為、方針、解決策が組織、社会にたいして

プラスに作用する可能性が高いのかという点を解明していこうとする。組織を巡っては、権力や支配─被支配をめぐる問題以外でも取り組まなければならない課題があることに注目すべきです。

　（6）人間の行動は、合理的思考だけでなく、多くの要因によって動機づけられています。エビデンスの利用だけでは不十分。組織各所の複数の利害関係者のすり合わせの認識に基づいて社会的行為は行われる。

　以上6点ですが、これらを比較経営学の研究手法に引き付けると、文献レビュー作業では比喩的「エビデンス」に注意して、知られてないことと知られていること、合意されているものと合意されていないことの比較作業、特定な研究方法や経営理論の押し付けではなく、研究対象に適した方法や理論を比較して選択すること、組織別や所属利害関係集団によって異なる結果を比較研究すること、経営の倫理や価値と現実の経営の出来事を真摯に比較すること、経営行為のもつ曖昧さと不確実性がもたらす問題点とそれを克服するだろう行為・方針・解決策の予測の結果を比較することが研究の主要な仕事となります。

　図表2を見てください。以上の仕事は、批判的実在論のレベルでは、出来事（Events）─メカニズム（Mechanism）─構造（Structure）そして文献・理論 (literature-Theories) の間のクロスな相互関係を比較観察することと等しい。我々にとって問題は、この比較観察・推論の具体的技法が共有され

図表2　構造、メカニズム、出来事

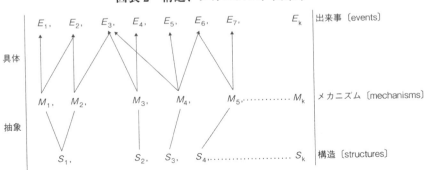

出所：アンドリュ・セイヤー『社会科学の方法』佐藤春吉監訳、ナカニシヤ出版

蓄積されていないことです。比較経営学会がやるべきことは、経営理論の統一ではなく、この様々な比較観察・推論の具体的方法、スキルを会員から集め、そのノウハウを共有し、それを後進の若い研究者に伝えることです。

　これが「はじめに」でだされた「宿題」への1つの回答です。

## 経営学はディシプリンのない応用科学なのか？

　では、これで比較経済研究の未来にとって十分でしょうか。もう1点、言及するのを躊躇していた論点が残されています。以下では、現代の経営学研究そして比較経営研究の未来形に関わる論点についてコメントしたい。そこで次の一冊の文献を取り上げます。それは、世界の主要な経営理論を完全網羅した本として注目されています、入山章栄（2019）『世界標準の経営理論』ダイヤモンド社、です。次の図表3を見てください。

　私自身もこの本は非常に参考にしています。しかし、そのなかでもっとも驚いたのは、経営理論には独自のディシプリンがないと主張している点です。図表3（p.772）によると、経済学、マクロ心理学、ミクロ心理学、社会学の4つのディプリンで、31の理論にまとめています。この4つのディシプリンと5つの実証分析手法（アーカイバルデータ、質問票調査の統計分析、心理実験の統計分析、シミュレーション、事例分析）の組み合わせはすべて経営学の領域をカバーできるとしています。そこでは比較経営研究が主に関係していると思われる事例分析は、IoT時代だからこそ、それなりの重要だと指摘されていますが、最終の狙いは、ビジネスパーソンが実証分析を簡単に利用することを準備することであるとまとめられています。経営理論は、「思考の軸」に過ぎないとも主張されています。はたして、経営学には経済学や心理学、社会学から借りてきて、独自の理論、ディシプリンがないのか、疑問が残ります。経済学は社会科学の女王といわれ、経済学は方法論を重視し、経営学は対象を重視している、企業とその経済活動を重視する点に違うがあるとされます。経済人と経営人は持つはずの情報の限定合理性の違い（有無）があるともされます。

# 図表3　グローバル経営と経営理論のマトリックス

| | | 海外進出時の意思決定 | 多国籍企業の戦略 | 多国籍企業のイノベーション | 多国籍企業の人材育成・HRM | 多国籍企業のガバナンス |
|---|---|:---:|:---:|:---:|:---:|:---:|
| ▼本書該当章 | | | | | | |
| 経済学ディシプリン | 第1章　SCP理論（SCP） | | ✓ | | | |
| | 第3章　リソース・ベースト・ビュー（RBV） | ✓ | ✓ | | | |
| | 第5章　情報の経済学①（information economics） | ✓ | ✓ | | | ✓ |
| | 第6章　情報の経済学②（エージェンシー理論）（agency theory） | ✓ | ✓ | | | ✓ |
| | 第7章　取引費用理論（TCE） | ✓ | ✓ | | | ✓ |
| | 第8・9章　ゲーム理論（game theory） | ✓ | ✓ | | | ✓ |
| | 第10章　リアル・オプション理論（real options theory） | ✓ | ✓ | | | |
| マクロ心理学ディシプリン | 第11章　企業行動理論（BTF） | ✓ | | ✓ | | |
| | 第12・13章　知の探索・知の深化の理論（exploration and exploitation） | | | ✓ | | |
| | 第14章　組織の記憶の理論（SMM & TMS） | | | ✓ | ✓ | |
| | 第15章　組織の知識創造理論（SECIモデル） | | | ✓ | | |
| | 第16章　認知心理学ベースの進化理論（evolutionary theory） | | | ✓ | | |
| | 第17章　ダイナミック・ケイパビリティ理論（dynamic capabilities） | | ✓ | ✓ | | |
| ミクロ心理学ディシプリン | 第18章　リーダーシップの理論（leadership theories） | | | | ✓ | |
| | 第19章　モチベーションの理論（motivation theories） | | | | ✓ | |
| | 第20章　認知バイアスの理論（cognitive bias） | | | | ✓ | |
| | 第21章　意思決定の理論（decision making） | | | | ✓ | |
| | 第22章　感情の理論（emotion theories） | | | | ✓ | |
| | 第23章　センスメイキング理論（sensemaking） | | | | ✓ | |
| 社会学ディシプリン | 第24章　エンベデッドネス理論（embeddedness） | | ✓ | | | ✓ |
| | 第25章　「弱いつながりの強さ」理論（weak ties） | | ✓ | | | |
| | 第26章　ストラクチャル・ホール理論（structural holes） | | ✓ | | | |
| | 第27章　ソーシャルキャピタル理論（social capitals） | | ✓ | | | ✓ |
| | 第28章　社会学ベースの制度理論（institutional theory） | | ✓ | ✓ | | ✓ |
| | 第29章　資源依存理論（resource dependence theory） | | | | | ✓ |
| | 第30章　組織エコロジー理論（organizational ecology） | | | | | |
| | 第31章　エコロジーベースの進化理論（evolutionary theory） | | | | | |
| | 第32章　レッドクイーン理論（red queen theory） | | | | | |

チェックマークがついているものは、経営学で各理論がよく適用されている現象分野。

　出発点と方向性は全く異なりますが、同じような主張は近年積極的に研究成果を発表されている経学史学会の『叢書第Ⅱ期』（経営学史学会監修・片岡信之編著『経営学の基礎』文眞堂、2022年）でも観察することができます（Ⅰ原理性、経済学の基礎）。経営学とは何か？　この問いに経営学史研究は次のように答えます。われわれは、組織の時代に生きている。その組織を如何に維持し発展に導くのかという諸問題を解決するのが、これが経営学です、と。そして、その問題を解決するには他の学問領域から知識を援用するが、その学際性でもって経営学を借り物であるという批判は的外れです。むしろ実践の学問として、時代を超えて共通する問題を見出す「課題性」に注目します。しかし、ある特定の課題性は、時代状況の変化から、枠組みや思考方法の修正を伴って、応用科学的性格を有しています。あるいは、経営の周辺についての研究、中心を論じるのではなく「経営学としての統一的科学を諦めた領域学」だと嘆かれています。そこから出てくるのは危機状態からの脱却に向けた方向の暗示だけです（同まえがき）。第1章の「経営学に未来はあるか」の上林憲雄論文は、経営学の危機の原因を、情報通信技術や人工知能を含む「グローバル市場主義」の深化・浸透と実証研究志向、安直な結果追求姿勢にもとめ、そこから解決には、経営の大前提となる価値や規範まで踏み込んだ吟味が必要であると主張されています。この結論は大いに共感する点です。でも、さらに一歩進む必要があります。

## 方法論的関係主義

　ループ量子重力理論の研究者であるイタリア人・カルロ・ロヴェッリは最近『世界は「関係」でできている』（NHK出版、冨永星訳）という本を出版しています。新しい世界像を明快に綴っています。レーニンとボクダーノフの論争も紹介されて非常に興味深いですが、難しくて理解できない点も多くあります。だが、そのなかで私を魅了するのは次の点です。あらゆる人間的な社会現象の基盤にあるのは「組織化する関係」（relation in organization）です。私たち自身は自分を、唯脳論的にあるいはミクロ心

理学的に、主体で固有の法則的存在だと思っていますが、それはこの関係の網に縫い取られた繊細で複雑な模様なのです。これは二元論とも二項対立論とも異なり、そしてこの関係は相互補完的な情報の網が進化し、階層化しているものです。元龍谷大学教授で、当学会の元の会員であった重本直利先生は方法論的人間関係主義に基づく経営学の刷新を主張されていますが（重本直利編著『社会経営学研究－経済競争的経営から社会共生的経営へ』晃洋書房、2011 年）、ここでは「人間」という形容は必要ないと思います。同じく、芦田文夫先生が昨年の大会で書評報告された「アソシエーション」は「組織化する関係」の上位の階層です。

　ところが、この「組織化する関係」を社会科学のなかで研究対象にすることのできる学問は、心理学でも、経済学でも、また社会学でもありません。それは経営学そのものです。例えば、すでに、馬頭忠治先生の『アソシエーションとマネジメント』（ラグーラ出版、2013 年）論や長山宗弘先生の「地域プラットフォーム」論が誕生しています。21 世紀の社会科学は、一方では、上林憲雄先生が指摘するように、量子論や情報論、デジタル論に基づいて再構成されなければならないとすると、他方では、「組織化する関係」を正面から研究する経営学が社会科学の中核に位置するようになります。これによって、経営に関わる人格論や日本的経営、アジア的経営、パーパス論、働き方や気力、倫理、正義論、学習論、を論じる基礎が準備されます。昔の言葉で表現すると、経営学は 21 世紀の社会科学の女王となります。そして、そのような 21 世紀の経営学の未来に最も接近しているのが比較経営学会です。

## おわりにかえて：プラットフォーム資本主義の経営

　最後に、さらに残されたもう一つの課題について述べて、おわりにかえたいと思います。つまり、ポスト株主資本主義の経営についてのまとめの私見を述べて閉じたい。

　20 世紀初頭の資本主義の特質をレーニンは分析して、生産と資本の集積・集中が独占を生み出し、銀行独占と産業独占の癒着が金融資本を誕生

させたとして当時の資本主義を独占資本主義として把握した。その彼が執筆したのが『資本主義の最高の段階としての帝国主義』でした。これに対して、21世紀の初頭に誕生した資本主義、（つまり、ポスト株主資本主義）とは何か。それは資本主義の更に次にくる最高の段階のそれではなく、資本主義の異次元の局面に拡がる資本主義、プラットフォーム資本主義です（ニック・スルネック『プラットフォーム資本主義』人文書院、2022年）。そこには以前の価値論、独占論とは次元の異なるニューモノポリー（関下稔『知識資本の時代』晃洋書房、2023年）が出現し、無産資産、データ、コミュニケーションが経営を新しいビジネスモデルに強制・誘導しています。と同時に、それは新しい「民主的規制」をもとめる新しい社会・政治運動を要請しています（夏目啓二編『GAFAM支配と民主的規制』学習の友社、2022年）。そこには、各国で異なった社会政治運動が誕生し、それが各国と世界の「民主的規制」の動向と絡み合った独自の特徴を示すはずです（例、本学会の森原康仁先生の研究）。その関連性の解明が求められています。これらの先駆的研究はデニス・トゥーリッシュ氏や上林憲雄先生の示唆と重なり、日本比較経営学会に求められている新しいポスト株主資本主義の経営の研究になるのではないでしょうか。

（たなか　ひろし／立命館大学名誉教授）

# 日本における労働者協同組合の経営課題

## —民主的な経営の実現に向けて—

松　本　典　子

## 1.　はじめに

　労働者協同組合は、そこで働く人々が所有し管理・運営する協同組合である[1]。

　日本では 2022 年 10 月 1 日に労働者協同組合法（以下、労協法と省略）が施行された。これは、30 年間にわたり法制化運動に携わってきた労働者協同組合の関係者による努力の成果といえる。

　一方、労協法の施行後、労働者協同組合ワーカーズコープ・センター事業団（以下、センター事業団と省略）の女性幹部がくも膜下出血で死亡したのは、過重労働が原因であるとして、八王子労働基準監督署によって労災認定が行われた[2]。また、同じくセンター事業団では、新宿区から業務委託を受けていた学童クラブや児童館の職員数について、契約内容を満たすために、勤務実態のない職員の名前を報告書に記載して人数を水増ししていたことが明らかになった[3]。

　2020 年の労協法の成立以降、労働者協同組合を対象とする研究が増加しているが、労働者協同組合のポテンシャルを語るだけではなく、なぜこのような事象が起きたのか、労働者協同組合の労働や管理・運営について、より深く考察することが求められる。

　そこで、本稿では、労働者協同組合の役割と組織特性を、協同組合の歴史およびマルクスのアソシエーション論から確認した上で、日本の労働者

協同組合であるワーカーズ・コープ[4] やワーカーズ・コレクティブ[5] が直面するさまざまな経営課題を取り上げ、労働者の主体性を引き出す民主的な経営にはいま何が必要かを検討する。

## 2. 労働者協同組合の役割と組織特性

### (1) 協同組合の歴史と定義にみる労働者協同組合の役割と組織特性

　労働者協同組合は協同組合の1つであることから、まずは、協同組合の歴史と定義を踏まえて労働者協同組合の役割と組織特性を確認する。

　協同組合は、資本主義のもとでの暮らしをめぐる困難、特に経済的困難を打開しようとする大衆、たとえば労働者、農民、商工業者、主婦など弱い立場にある人々の協同の組織であり（協同組合事典編集委員会、1986；891頁）、協同組合思想は資本の抑圧に抗する人々によって歴史的に形成され今日に至った（同上、31頁）。

　歴史的に形成される協同組合は、ICA（International Cooperative Alliance）の1995年声明によって、「人びとの自治的な組織であり、自発的に手を結んだ人びとが、共同で所有し民主的に管理する事業体をつうじて、共通の経済的、社会的、文化的なニーズと願いをかなえることを目的とする」（日本協同組合学会訳編、2000：16頁）と定義された。協同組合の価値は、自助、自己責任、民主主義、平等、公正、連帯にあり、協同組合の組合員は、正直、公開、社会的責任、他人への配慮という倫理的価値を信条とする（同上）。

　本稿が研究対象とする労働者協同組合も、資本の抑圧に抗する人々である労働者たちが、共同で所有し民主的に管理する事業体をつうじて、共通の経済的、社会的、文化的なニーズと願いをかなえる協同組合の1つと位置付けられる。

### (2) マルクスのアソシエーション論にみる労働者協同組合の役割と組織特性

　労働者協同組合は歴史的にみてアソシエーションへと発展する可能性の

ある組織の1つと考えられることから、つぎに、アソシエーションとそこでの労働の特徴を考察することによって、労働者協同組合に求められる役割と組織特性を確認する。

　マルクスは新社会をアソシエーションと呼び、その主体を「アソシエイトした諸個人・生産者たち」と考えた（宮田、2023；284頁）。アソシエーションの根本原理は、各個人の十全で自由な発展にある（同上、285頁）。マルクスは資本主義とアソシエーションの分岐を、所有形態や分配形態ではなく、労働の固有のあり方（労働の社会的形態）の違いにみた（同上、286頁）。

　資本主義では、労働は賃労働という形態をとる。賃労働は、労働者が生産過程で価値増殖に当然のごとく参加し、資本を絶えず産出する労働である。労働者は労働諸条件から切り離され、生きていくために自己の労働力を商品として資本家に売り、利潤最大化を目的とする労働を強制される（同上、286〜287頁）。

　これに対して、アソシエーションでは、労働はアソシエイトした労働という形態をとる。資本主義的生産に対する社会的生産は、市場の価格変動により事後的に制御されるのではなく、アソシエイトした生産者たちによって意識的・計画的に遂行される（同上、287頁）。労働者は、自分のものに対する様態で生産手段に関わり、社会的生産の実現と各人の個性の発展とを目的に生産を営む生産者であるため、剰余価値を目的とした生産および労働力の搾取、そして資本による支配はなくなる（同上、288頁）。

　アソシエーションにおけるアソシエイトした労働に関して宮田（2023；288頁）が強調するのは、アソシエイトした労働は、主体的・自発的に結びついた諸個人が、意識的・計画的に全生産を制御するということである。そして、アソシエーションにおける生産物およびサービスの生産の目的は、①使用価値の生産によるすべての社会構成員の生活の向上、および、②それを通じた各個人の個性と能力の自由で全面的な発揮と発展という①と②が同時に実現されるということである。

　本稿が研究対象とする労働者協同組合は、所有と経営と労働が一体化され、1人1票という平等な議決権に基づいて運営される人的結合体であり、

民主主義的な事業運営が実現される可能性を秘めたアソシエーションの一形態といえる。アソシエーションの実現には、資本の抑圧に抗して主体性・自発性をもつ諸個人が、他の諸個人と能動的に協同して、使用価値の生産によってすべての社会構成員の生活の向上を目指し、諸個人が労働を通じて個性と能力を自由で全面的に発揮することが不可欠といえる。

　この点に関連して堀越（1989；290 頁）は、協同組合は、自立した諸個人の結合による「労働の協同化」でなければならないと述べた。上田（1975；264 頁）は、協同組合は、労働者が各自の自律・協同によって資本の圧力を免れ、労働の状態を改善するために設けた共同の業務組織で、その特質は自律・協同と相互扶助であり、協同組合にとって相互扶助だけではなく、自律・協同が重要であると述べた。ハリー・ブレイヴァマン（Harry Braverman）は、労働者協同組合（生産者共同体）のように、自主的に組織され、自由意志に基づく社会的労働の場合には「構想と実行の分離」が起こりにくいと述べた（Harry Braverman, 1998; p.79、邦訳、1978；128 頁）。

　以上から、労働者協同組合は、資本主義のもとでの暮らしをめぐる困難、特に経済的困難を打開するという協同組合の中でも、所有と経営と労働を一体化させることを特徴とし、使用価値の生産によって人々の生活の向上という役割を果たしながら、主体性・自発性をもつ諸個人が、労働を通じて個性と能力を自由に、そして全面的に発揮するという組織特性をもつことが重要になる。

## 3. 雇用／被雇用をめぐる労協法の課題

　さて、労働者協同組合の実践に目を向けると、日本において労働者協同組合としての実践および運動を広げてきたのはワーカーズ・コープやワーカーズ・コレクティブであり、その運動の成果の 1 つが今回の労協法の成立だった。

## （1）労協法への労働法規の適用と雇用／被雇用関係の発生

　労協法の成立過程においては、労働者協同組合で働く組合員同士の対等・平等な関係を重視し、日本の労働法との関係で雇用／被雇用の関係を発生させないことが論点となってきた。なぜなら、雇用者が労働者を雇用することによって、形式的ではあるが賃労働が発生し、労働者は徐々に受動的になって運営を雇用者に委ねるようになり、労働者協同組合の組織特性である労働者の主体性・自発性が失われてしまう恐れがあったからである。

　労協法は、「各人が生活との調和を保ちつつその意欲及び能力に応じて就労する機会が必ずしも十分に確保されていない現状等を踏まえ、組合員が出資し、それぞれの意見を反映して組合の事業が行われ、及び組合員自らが事業に従事することを基本原理とする組織に関し、設立、管理その他必要な事項を定めること等により、多様な就労の機会を創出することを促進するとともに、当該組織を通じて地域における多様な需要に応じた事業が行われることを促進し、もって持続可能で活力ある地域社会の実現に資すること」（第1条）を目的としている。このように、組合員が出資し事業に従事し管理するという労働者協同組合の基本要素が規定された[6]。日本において労協法が成立したこと自体は、世界的に労働者協同組合運動が広がりつつある動向からみれば重要といえるだろう。

　しかし、今回施行された労協法には大きな課題が残された。それは、労働契約の締結が適用された結果、働く人同士に労使関係が発生したこと、またそれに伴い、労協法の第1条に「意見反映」という言葉が盛り込まれたことである。労働者協同組合の組織特性を考えると、その経営に必要なのは、組合員が雇用者に一方的に意見を述べる「意見反映」ではなく、労働者同士がその経営について共に考える「共同経営」「共同決定」である。ただ、日本の法律において、「共同経営」「共同決定」という言葉を用いると、雇用／被雇用の関係性が曖昧になるため、労働法が適用されなくなってしまう。もちろん日本では、労働者を守るために労働契約を締結することは必須になるが、対等であるはずの組合員同士に雇用／被雇用の関係を発生させてしまうという課題が残った。

　これまで、労働者協同組合の実践だけではなく法制化においても、その組織特性である労働者の主体性・自発性が失われてしまうことを防ぎ、組合員同士の対等・平等な関係を担保するために雇用／被雇用の関係を発生させないことを論点としてきた労働者協同組合にとっては、今回の労協法は決して理想的とはいえないだろう[7]。

　この点について、小山（2023：183頁）は、日本労働者協同組合連合会もワーカーズ・コレクティブネットワークジャパンも、雇用労働との違いを強調して運動を進めてきたが、最終的に法案に賛同したことについて、本来認識している労働者協同組合での労働の本質とは異なるが立法上の最大の障壁であった労働法規の適用関係の論点を乗り越えるために妥協したと捉えることができると分析している。また、小山（2023：186〜187頁）は、法理論上は労働者協同組合の組合員に労働法を適用することに矛盾はなくなったと述べる一方、本質的に雇用労働とは異なる労働者協同組合の労働について、雇用労働と同一の「労働者」という法的カテゴリーに押しとどめてしまうことに疑問を呈している。

　労協法には労働三法の一つである最低賃金法も適用されるが、特にワーカーズ・コレクティブにとっては、最低賃金をクリアすることが難しいという指摘もある[8]。小山（2023：184〜185頁）は、経営状況の苦しい組合が労働法規の適用のある労協法に魅力を感じるかについて疑問視している。

## （2）新自由主義における労協法の本当の意味

　労協法が施行したことによって具体的な課題が明らかになる中、なぜ資本の抑圧に抗する人々よってつくられる協同組合の1つである労働者協同組合の法律がこのタイミングで成立したのか、なぜいま、日本において労働者協同組合が必要とされるようになったのかについて検討することが、労働者協同組合の経営、さらには存在意義を考える上で重要な論点といえる。

　重田（2018：212頁）はフーコーを引用し、新自由主義は社会のあらゆる行為者を企業家モデルで捉えて自らを人的資本として作り上げて価値を

高めていく存在とみなすため、共同性の構築自体に価値や意味を見出す協同組合のような組織の存立は初期設定からしてありえないと述べる。労働者協同組合も、新自由主義ではその存在意義を否定されるだろう。ただ、労働者協同組合が、共同性の構築自体に価値を見出さなくなり、市場の効率性を追求する組織になるのなら、新自由主義からは歓迎されるだろう。

　資本主義社会において設立される現在の労働者協同組合は、新自由主義的な施策の中で、NPO法人と同じ道をたどる恐れが強い。この点に関して、白井（2023；49頁）は、労協法という仏像に魂をいれなければ、日本の労働者協同組合は新自由主義の競合にさらされて失敗するか、自助・自立の枠に押し込まれて国家の下請け機関に成り下がると警鐘を鳴らす。また白井（2023；48頁）は、協同組合は、単なる相互扶助組織なのか、それとも政府・自治体、市場とどのような関係にあるべきなのか、現代社会における協同組合の位置づけを積極的に議論すべきだろうとも述べる。

　労働者協同組合がアソシエーションとして発展していくためには、日本における労協法がどのように改正されていくのかを今後も継続的に確認するとともに、労協法が成立した意味、そして、日本において労働者協同組合が必要とされる理由を研究していくことが重要である。実践においては、その経営に政策提言機能を盛り込むことが欠かせない。

## 4. 組織規模をめぐる労働者協同組合の経営課題

　つぎに、組織規模の観点から、日本の労働者協同組合が抱える課題を検討する。

### （1）労働者協同組合の組織規模をめぐる論点

　マルクスは、協同組合労働（cooperative labor）はそれが個々の労働者の時おりの努力という狭い範囲にとどまるならば、独占の成長を抑えることも労働者の貧困の負担を軽減することもできないため、労働者を救うためには協同組合労働を全国的規模で発展させる必要があると述べた（大内・細川監訳、1966；10頁）。

　一方、1980年のICAモスクワ大会においてA.F.レイドロー（A. F. Laidlaw）は、多くの労働者協同組合は相対的に小規模にとどまっている場合に最もよく機能すると述べた（日本協同組合学会訳編、1989；92頁）。また、協同組合の組織づくりには2つの選択肢があって、1つはより大きくしっかり組織され事業として確立された協同組合、もう1つはかなりゆるやかな非公式ネットワークをもち資本主義の手法を無視して社会的・地域的な目標を達成することを目的とする相対的に小さな協同組合で、両者を選択するのは容易ではないと述べた（同上、101頁）。

　協同組合がその役割を果たすためには、労働者協同組合を全国的規模で発展させるような経営や運動が必要であるが、労働者協同組合の組織特性である労働者の主体性を担保する観点からみれば、労働者同士が対話しやすい比較的小さな組織規模であることが重要になるだろう。

## （2）日本の労働者協同組合の組織規模

　日本の労働者協同組合の実践をみると、日本労働者協同組合（ワーカーズコープ）連合会の2022年度の事業高は378億円、就労者数は15,087人、高齢者生活協同組合の組合員数42,471人である[9]。加盟組織の中では、センター事業団が一法人（労協法人）としての規模が最も大きく、現在全国に20の事業本部・開発本部をおき、約400の事業所で約10,000人が働き、事業高は約224億円と組織規模は拡大傾向にある[10]。各事業所は経営的には自立的に運営することを基本とし、全国組織としての強みを発揮できるよう全体で決めた方針に従って活動している。協同組合労働を全国的規模で発展させてきた事例であり、レイドローのいう、大きく組織され事業として確立された協同組合と位置づけられるだろう。

　これに対して、ワーカーズ・コレクティブネットワークジャパン（WNJ）の加盟団体数は、2007年の600団体をピークに、2022年には325団体にまで減少し、働く人も2003年の16,149人から2022年には6,812人に減少するなど（白井、2023；48頁）、組織規模は縮小傾向にある。ただ、ワーカーズ・コレクティブが、40年間にわたり地域に必要なモノやサービスの提供を事業化し、その活動を通して地域社会の維持発展に役立つこ

とを目的として運営されてきたことの意義は大きい。このような取り組み
は、レイドローのいう、社会的・地域的な目標を達成することを目的とす
る相対的に小さな協同組合と位置づけられるだろう。
　ワーカーズ・コレクティブの組織規模が縮小傾向にあることについては
さまざまな理由が考えられるが、もともと生活クラブ生協を母体として、
主婦たちが中心になって設立されたという特殊性は少なからず影響してい
る。たとえば、所得税や扶養控除の関係で年収を 103 万円未満あるいは
130 万円未満に抑えようとする労働者は少なくない。一方、共働き世帯が
増える中、年収をできる限り多く稼ぎたい人にとっては、年収が 100 万円
程度のワーカーズ・コレクティブでの働き方は選択されなくなった。ワー
カーズ・コレクティブの職種は、生活支援・家事・介護が最も多く、つい
で、弁当・食事作り、子育て支援、生活クラブ生協の配送関連の業務委託
となっているが（市民セクター政策機構、2021：40 頁）、最近のワーカー
ズ・コレクティブは、生活クラブ生協の業務委託分野以外では全体的に新
しく結成されるワーカーズ・コレクティブが減るとともに、既存の組織で
事業規模が伸び悩んだ結果として、組合員の拡大も伸び悩み、高齢化に直
面することになったという分析もある（伊藤、2023：7 頁）。

(3) ワーカーズ・コレクティブにおける経営の特徴
　ワーカーズ・コレクティブが基盤とする市民運動・協同組合運動は、そ
もそも経済よりも生活を中心に据えようとする運動である。確認したよう
に、ワーカーズ・コレクティブの組織規模は決して大きくはないが、1980
年代に生活クラブ生協の活動の流れから生まれ、主婦たちが子育てや介護
などのケアを行う地域コミュニティを基盤に、生活圏のなかで働く場を創
出してきたこと、その事業を通じて主婦たちが主体性・自発性を発揮して
自分たちの身の回りにあるさまざまな課題に対して市民運動・協同組合運
動を展開してきたことの社会的な意義は小さくない。
　神奈川ワーカーズ・コレクティブ連合会の理事長である木村満里子は、
ワーカーズ・コレクティブも含めて、地域に多様な自主組織をつくり「自
治する人たち」を増やすことの重要性と、組織運営における「自主運営」

「自主管理」を通じて、いまの資本主義制度に自分たちの働き方を合わせるのではなく、自分たちなりの組織をつくることの面白さを語っている（木村・井上、2023；22 頁）。

　このように働く人たちが自主的であり、自治することを重視してきたワーカーズ・コレクティブは、労働者協同組合の本来の組織特性を重視し、労協法の成立過程においては、雇用／被雇用関係が発生する労働契約の締結には慎重な姿勢をみせてきた[11]。小山（2023：186 ～ 187 頁）が、雇用労働とは本質的に異なる労働者協同組合の労働について、雇用労働と同一の「労働者」という法的カテゴリーに押しとどめてしまうことに疑問を呈したように、労協法の成立過程における慎重な姿勢は、ワーカーズ・コレクティブが労働者とは何か、そして労働者協同組合の本質とは何かを真摯に検討してきた結果といえるだろう。

　ワーカーズ・コレクティブは、一法人あたりの平均労働者が 20 人程度でありレイドローがいう相対的に小さな協同組合にあたると考えられ、ワーカーズ・コープのように組織規模は拡大しにくい。しかし、労働者が少ない分、大きな協同組合と比較して、意思決定は容易になるだろう。

　また、ワーカーズ・コレクティブでは、生活クラブ生協の経営・運営と同じく、組織の役員を短期間にローテーションさせていくことが意識されている。労働者全員がワーカーズ・コレクティブの経営に責任をもっていることの表れといえる。さらに、ワーカーズ・コレクティブの役員、各都道府県の連合組織の役員、全国組織であるワーカーズコレクティブ・ネットワーク・ジャパンの役員に選出されたとしても、所属するワーカーズ・コレクティブでの現場労働は継続される。すなわち、ハリー・ブレイヴァマンのいう「構想と実行の分離」（Harry Braverman ，1998；p.79、邦訳、1978；128 頁）を防ぐような経営・運営が行われている。

　このような経営・運営方法に魅力を感じ、あえてワーカーズ・コレクティブとして労働者協同組合を設立する事例も散見される。たとえば、2021 年に設立され、東京ワーカーズ・コレクティブ協同組合に所属し出版を主な事業とする「アソシエーションだるま舎」は、話し合える単位を 10 人以上にしないということを明言し[12]、あえて小さな協同組合の集ま

りであるワーカーズ・コレクティブへの所属を選択している。

## (4) 労協法の成立過程において、組織規模をめぐって起きた問題

　縮小傾向とはいえ、労働者協同組合としてその組織特性を意識した経営・運営をしてきたワーカーズ・コレクティブであるが、2017年5月に設立された「与党協同労働の法制化に関するワーキングチーム」の会議の一環として、2018年1月に開催されたワーカーズ・コープとワーカーズ・コレクティブなどの法制化関係者が参加する運営会議において、ワーカーズ・コレクティブはワーカーズ・コープと同じく40年近くの活動実績があるにもかかわらず、「黎明期の組合」と揶揄されるといった問題が起きた[13]。

　日本労働者協同組合連合会編（2022；43頁）には、ワーキングチームが発足したしたばかりの小さな組合を「黎明期の組合」と呼んだという記述が残されている。また、「黎明期の組合」は、組合で働く組合員全員が経営者であるから（組合員を使用者と労働者に分離しないから）労協法によって法人になれないことについて、「やむを得ないと考えられた」という記述も残っている（日本労働者協同組合連合会編、2022；45頁）。

　労協法の成立過程において、40年近い活動実績のあるワーカーズ・コレクティブが「黎明期の組合」と揶揄されたこと、また小さな組合＝「黎明期の組合」と呼ばれたことは、協同組合運動全体にとっても大きな問題といえる。

　レイドローは、多くの労働者協同組合は相対的に小規模にとどまっている場合に最もよく機能すると述べた。小さな組合だからといってその経営・運営内容や組織特性を見ずして「黎明期の組合」と考えることには大きな問題があったと言わざるを得ない。たとえ小さな組合であっても、組織特性を意識した経営・運営が行われているのなら、そのような労働者協同組合を発展させるために、どのような経営や環境が必要なのかを研究しなければならない。

## （5）大規模化した労働者協同組合の課題

　それでは、大きな組織に課題はないのだろうか。ワーカーズ・コープの1つであるセンター事業団では、全国組織として、1つの法人に約1万人が所属して、社会運動・労働運動が推進されている。角瀬（2002；131頁）は、協同組合においても組織の大規模化に伴い、構想労働と執行労働、管理労働と現場労働との分離によって管理集中制が生まれてくることから、労働者協同組合においても管理・統制の問題が重要になると論じた。一方、角瀬（同上、136頁）は、20年前のセンター事業団[14]に関して、（各事業所レベルの）日常的な経営参加についてみると、中央から派遣されてくる事務局長にお任せという実態があり、自分たちの中から事務所長を選ぶような場合は一体感が形成されるが、そうでない場合は自ら参加しているという意識は薄く、全国的な経営問題への参加にはさらに大きな距離があることを分析し、組合員が所有・経営・労働の三位一体を体現するものになりえていないという現実に、労働者協同組合の抱える問題点を見出した。

　ここでの課題は2つある。1つは20年間、この問題点を継続的に調べた研究がないことから、実際どの程度この問題点が改善されたかわからないということである。ただ、少しずつ変化は起きている。日常的な経営参加について、労働者協同組合の組織特性である労働者の主体性を引き出す民主的な経営を意識してきた組織として、たとえば、センター事業団南部事業本部の事業所の1つである「みなと子育て応援プラザPokke」（以下、Pokkeとする）があげられる[15]。次期副施設長がアンケートによって選ばれることをはじめ、労働者の意見を丁寧に聞くという民主的な運営が意識され、労働者同士の一体感が形成されている事例の1つと言えるだろう。さらに考察すると、Pokkeでは、50人の労働者が保育・ひろば（事業）・キッチン・事務（受付）の4部門（部署）のいずれかに所属し、さらに部門を横断する形で係会議が形成され、労働者は14の係会議の複数に所属する。さらに部門や係間の横の連携を強化するために11人のメンバーから成るリーダー会議が設置され、困り事に直面した場合、部門会議、係会議、リーダー会議あるいは施設長と副施設長2名が属する職責会議に相談

することができる仕組みになっている。出てきた困り事については、どのような内容であってもまずは「理解を示す」という取り組みが行われ、リーダー会議と職責会議で共有される意見については、それが誰からの発言であったのかについて一切他言しない仕組みがとられている。そのため、労働者からは悩み、不満、相談、提案、報告などさまざまな意見が出てくる。組織全体に関わる内容については、最終的に事業所の最高意思決定機関であり全組合員が参加する団会議に意見が議題としてあげられ、最終決定が行われる。部門やそれを横断する係会議やリーダー会議が形成され、すべての労働者が事業に積極的に関わることのできる仕組みをもっているこのような事例は、アメリカの労働者協同組合の先進事例の1つであるレインボー・グローサリー（Rainbow Grocery）のガバナンスの仕組みにかなり近いといえる（松本、2021；41〜42頁参照）。

　ただし、Pokke のように民主的な運営が意識されている事例が複数あったとしても、センター事業団の本部から見れば一事業本部の一事業所という位置づけは変わらず、施設長の上にはそれを取りまとめる事務局長と事業本部長がいて、複数の地域を管理するエリアマネージャーも存在する。センター事業団は、大きな労働者協同組合として経営・運営されることによって、バックオフィス業務を効率化させるなど、経営上一定の効果を生み出しているかもしれないが、1万人の労働者1人1人の意見を本部まで伝えられているかというと、その判断は難しい。

　一方、労働者協同組合（ワーカーズコープ）連合会の加盟組織の中でも、「地域労協」では独立採算制が貫かれ、地域コミュニティに根付いて活動が展開されている。マルクスは、自由で平等な生産者たちが主体となり、大小さまざまな複数の諸アソシエーションを構成し、それらも互いにアソシエイトして計画・実行・点検・修正などのフィードバックをし合いながら、社会的生産を共同的で合理的な計画のもとにおく一社会をアソシエーションと捉えた（宮田、2023；289頁）。今後、センター事業団において、労働者の民主的な経営を意識した組織分割や権限委譲の方法が検討されることはもちろん重要になるが、「地域労協」のように独立採算制をとる場合、上記のマルクスの研究を踏まえて、各事業組織（諸アソシエー

ション）を横につなげるネットワークをどのように形成するのかについても、さらなる研究が必要になるだろう。

　もう1つの課題は、1万人という労働者に対して、管理労働を担う全国事務局員の肉体的負担・精神的負担が大きいということである。たとえば、25年前に実施された、センター事業団の全国事務局員に対する調査報告書のなかで、朝井（1999；63頁）は、センター事業団の運営課題を5つにまとめている。労働者協同組合では事務局員の悩みをケアする体制ができていないこと、労働条件を改善する要求を出し話し合っていく体制ができていないこと、仕事おこしへの専門家の派遣といったサポート制度の実現や経営教育ができていないこと、人を評価する基準が曖昧となっていること、そして、地域と関わる仕事を目指しながら事務局員の転勤が多いということで、全国事務局員の負担の大きさが明らかにされた。

　調査から25年が経ち、現場ではいくつか改善された部分があったようだが、5つ目の転勤について、全国事務局員が全国の事業所に社会運動・労働運動を広げ、地域コミュニティのニーズに合わせた新たな労働者協同組合の立ち上げを促進するために定期的に異動することは今も変わらず続いている。地域の課題を解決しようとした矢先に、次の事業本部に異動するといったことも珍しくないため、地域の課題をじっくりと考えることができないまま不完全燃焼を起こすケースもあるだろう。

　異動については全国事務局員の負担も大きいが、全国事務局員が定期的に変わってしまうことにより、各地域の事業所が、その都度その地域の現状を全国事務局員に共有していかなければならないことによる負担も大きい。そのような負担を解決する意味でも、大きすぎるセンター事業団がそれぞれの地域コミュニティに根付くことのできるような、抜本的な組織改革が必要だといえる。

## 5.　事業内容をめぐる労働者協同組合の経営課題

　ワーカーズ・コープの1つであるセンター事業団の総事業高は約224億円であるが、そのなかでも、学童、保育室、児童館運営など子育て関連事

業が占める割合は大きく、事業高は約110億円と総事業高の半分にのぼる[16]。特に子育て関連事業は、行政からの委託事業や指定管理事業によるものが非常に多いため、センター事業団の総事業高の半分は行政からの委託事業や指定管理者制度による費用で賄われているともいえる。したがって、もし、行政の委託事業や指定管理事業からの収入がなくなった場合、事業が立ち行かなくなることもある。実際、ある地域の労働者協同組合では、行政の一方的な決定によって、2年後に学童の委託事業がすべて社会福祉協議会に移管されることが決定した。このように行政などによる一方的な制度変更、そして、継続的に指定管理者を受託することの難しさといった理由によって、組織における全収入が失われてしまい廃業に追い込まれる組織は少なくない。これは労働者協同組合だけではなく、すべての非営利組織に該当する課題でもある。

　新自由主義では、市場メカニズムを経済だけでなくその外部にも適用できると考えるため、福祉、公教育、行政サービスなども民営化し市場メカニズムに委ねるほうが効率的だとされる。そのなかで、政府に代わる供給者としての役割を期待されたアクターの1つが非営利組織などの市民社会組織であった（仁平、2017：161頁）。日本の労働者協同組合でも行政からの委託事業が占める割合が大きいことから、今後も行政の制度変更などに振り回されることは否定できない。いまは委託事業が順調だとしても、特に福祉サービスではサービス単価が決まっていることが多いため、小さな組織ではぎりぎりの経費しか計上できず、将来的に事業承継するための教育費を投じることは難しい。今回施行された労協法には、就労創出等積立金と教育繰越金の定めがあるため、毎事業年度一定金額を積立金と繰越金に充当することが義務付けられている（第76条）。この制度をうまく活用することで事業承継を行っていくことが期待される。

　さらにいえば、日本の労働者協同組合においては、現状のままでは全収入における行政からの委託事業料の多さは変わらないため、労働者協同組合がより自由に経営し、行政に対して政策提言を積極的に行うためにも、根本的に事業内容を転換したり、リスク分散のため複数の事業に挑戦していく必要もあるだろう。たとえば、新たに設立された労働者協同組合で

は、キャンプ場経営、木工品販売、漁師による魚ともずくの加工販売、カウンセリング事業、葬祭事業、空き家の代行管理事業、IT事業、システム開発事業、映像制作事業、映像配信事業、デザイン事業など、委託事業に頼らない新たな事業が次々に誕生している。東京ワーカーズ・コレクティブに所属する「アーバンズ合同会社」では、5人の若者によって趣味と仕事のハイブリッド化が目指され、Web広告代理業、動画編集サポート事業や研究サポート事業に加え、コシャリ（エジプト料理）事業やシーシャ（水タバコ）事業など、これまでにない事業が展開されている。行政の委託事業にばかり頼るのではなく、新たな事業を発掘し、自主事業も増やしていくことによって、行政に対して政策提言しやすい組織づくりが実現できるだろう。政策提言しやすい組織づくりは、労働者協同組合の労働者にとっても、より働きやすい職場をつくることにつながるだろう。

　また、地域コミュニティにおける多様な組織と連携することによって、事業ネットワークをつくり、行政からの委託事業だけに頼らない仕組みづくりをしようとする取り組みもある。たとえば、ワーカーズコレクティブ・ネットワーク・ジャパンは、2019年から生活クラブ連合会と業務委託契約を締結し、ワーカーズ・コレクティブ支援部会を立ち上げ、生活クラブ連合会と連携しながら多くの会員単協と学習・情報共有・相談に応える取り組みを行っている（伊藤、2023；8頁）。

　さらに、行政との委託／受託関係のあり方自体を変化させていくことによって、委託事業を減らさなくても労働者が委託事業の運営方法に積極的に参加するという方法も考えられる。たとえば、座間市では、2017年10月から、座間市の就労準備支援事業を、ワーカーズ・コレクティブ協会、さがみ生活クラブ生協、生活クラブ生協の3団体でつくった共同企業体「はたらっく・ざま」で受託し、地域が地域の若者を受け入れて支援するネットワークを広げている（藤田、2023；223〜225頁）。杉並区長の岸本聡子は、世界中で国や自治体が公共的な役割を縮小し民営化していく流れに対して、住民が地域の公共財を自分たちで民主的に管理する仕組みを作り直そうとする「地域主権主義（ミュニシパリズム）」の動きについて言及しているが（岸本、2023；4〜5頁）、労働者協同組合も地域の公共

財を行政と共に民主的に管理する主体として活躍することが、今後ますます重要になるだろう。

## 6.　おわりに

　本稿では、労働者協同組合の役割と組織特性を確認した上で、日本の労働者協同組合であるワーカーズ・コープやワーカーズ・コレクティブが直面するさまざまな経営課題を取り上げ、労働者の主体性を引き出す民主的な経営にはいま何が必要かを検討してきた。

　しかし、民主的な経営を促進する労働者協同組合の管理・統制の具体的な方法についてまでは分析することができなかった。今後は全国の労働者協同組合に対してより深いインタビュー調査を行い、管理および統制の具体的な方法を提示したい。

注
1）日本の労働者協同組合研究の第一人者でもある富沢は、労働者協同組合の一般的な定義を「従業員が所有し管理する協同組合」と述べている（富沢賢治、1997：328 頁）。日本では「従業員」というと雇用される労働者という意味合いも強いため、本稿では、「従業員」ではなく「そこで働く人々」という表現を用いる。
2）東京新聞朝刊「労協連幹部死亡労災認定―くも膜下出血、過労原因」2023 年 4 月 26 日。
3）読売新聞朝刊「学童運営事業団職員水増し報告―新宿区の複数施設で」2023 年 7 月 23 日。
4）ワーカーズ・コープは、日本労働者協同組合連合会（労協連）傘下の諸組織である。ワーカーズ・コープは、もともと 1970 年代に失業者・中高年者の仕事づくりのために設立された事業団にはじまり、自治体からの委託事業を柱に事業を拡大してきた。1979 年には、中高年雇用・福祉事業団全国協議会が結成され、1986 年に労協連へと発展した。現在労協連には、正会員としてワーカーズコープ・センター事業団、地域労協や無茶々園、準加盟団体として日本高齢者生活協同組合連合会、障害者支援団体として全国的に有名な社会福祉法人浦河べてるの家や NPO 法人共同連（差別とたたかう共同体全国連合）などが加盟していて、加盟数は増えている。

5) ワーカーズ・コレクティブは、地域に必要なモノやサービスの提供を事業化し、その活動を通して地域社会の維持発展に役立つことを目的としてきた労働者協同組合である。1982年に、組合員全員が出資し、経営に責任をもち、労働を分担する、働く人の協同組合として、神奈川県で最初のワーカーズ・コレクティブが設立され、全国に設立が広がった。1995年にワーカーズ・コレクティブの全国組織であるワーカーズ・コレクティブネットワークジャパン（WNJ）が設立されている。もともと生活クラブ生協から発展的に形成された労働者協同組合ということもあり、組合員の9割以上を女性が占める。

6) 労働者協同組合法人（労協法人）のその他の特徴は以下のとおりである。労協法人は、非営利法人（第3条第3項）でありながら、出資できる点（第3条第1項）がNPO法人や一般社団法人とは異なる。さらに、設立発起人は3人のみで（第22条）、準則主義で簡単に設立できる（第22条）上に、労働者派遣事業以外のすべての事業が可能（第1条、第7条第2項）など、仲間を集めて好きな事業を立ち上げられる利点がある。非営利でありながら出資ができるという機能面に労協法人の魅力を感じて、これまでには存在しなかった業種の労協法人も設立され始めている。

7) 「労働契約を結ぶというのは労働者になるということで、雇われない働き方を目指してきた私たちには違和感がある」とワーカーズ・コレクティブのメンバーは語っている。浅川澄一「『労働＋経営＋出資』のワーカーズ法はNPOに勝る選択肢になるのか」ダイヤモンドオンライン、2020年12月30日、https://diamond.jp/articles/-/258242?page=7。

8) 浅川澄一「『労働＋経営＋出資』のワーカーズ法はNPOに勝る選択肢になるのか」ダイヤモンドオンライン、2020年12月30日、https://diamond.jp/articles/-/258242?page=6、参照。

9) 日本労働者協同組合連合会ウェブサイト「事業規模」
https://jwcu.coop/about_union/size/

10) 労働者協同組合ワーカーズコープ・センター事業団ウェブサイト「組織概要」
https://workers-coop.com/%e3%83%af%e3%83%bc%e3%82%ab%e3%83%bc%e3%2%ba%e3%82%b3%e3%83%bc%e3%83%97%e3%81%a8%e3%81%af/

11) ワーカーズ・コレクティブ及び非営利・協同支援センター、2017年度第10回運営会議録より。

12) 東京ワーカーズ・コレクティブ協同組合ウェブサイト「活動報告」https://tokyo-workers.jp/report/3259/

13) 2022年6月15日および2023年5月8日に実施した関係者インタビューより。

14) 角瀬（2002：136頁）は、この箇所の主語について「日本の労協」という言葉を用いているが、前後の文脈からセンター事業団のことを指すと考えられる。

したがって、本稿ではあえてセンター事業団と記した。

15）一般社団法人協同総合研究所で 2023 年 8 月 5 日に開催された研究会での報告を参照した。その後、本報告は、小林・岩城（2023）に収録されている。

16）日本労働者協同組合連合会ウェブサイト「事業規模」
https://jwcu.coop/about_union/size/

## 参考文献

A. F. Laidlaw (1980) Co-operatives in the Year 2000 (A Paper prepared for the 27th Congress of the International Co-operative Alliance, Co-operative Union of Canada.（日本協同組合学会訳編（1989）『西暦 2000 年における協同組合［レイドロー報告］』日本経済評論社。）

Harry Braverman (1998) Labor and Monopoly Capital; The Degradation of Work in the Twentieth Century, 25th Anniversary Edition, Monthly Review Press.（ハリー・ブレイヴァマン著、富沢賢治訳（1978）『労働と独占資本』岩波書店。）

朝井志歩（1999）「労働者協同組合での事務局員の継続」平塚真樹編『労働者協同組合で働く青年たち―日本労働者協同組合連合会センター事業団・事業所で働く青年層のキャリア意識調査報告書』50〜64 頁。

伊藤由理子（2023）「ワーカーズ・コレクティブの歩みとこれから」『生活協同組合研究』568 号、5〜13 頁。

上田貞次郎著、猪谷善一・山中篤太郎・小田橋貞寿編（1975）『上田貞次郎全集第 1巻「経営経済」』第三出版。

大内兵衛・細川嘉六監訳（1966）『マルクス＝エンゲルス全集』第 16 巻（国際労働者協会創立宣言、1864 年 9 月 28 日）大月書店。

大谷禎之介（2011）『マルクスのアソシエーション論－未来社会は資本主義のなかに見えている』桜井書店。

重田園江（2018）『隔たりと政治―統治と連帯の思想』青土社。

角瀬保雄（2002）「労働者協同組合の基本問題（上）－その運動と組織と経営」『経営志林』39 巻 2 号、121〜143 頁。

小林明日香・岩城由紀子（2023）「徹底した話し合いによる協同労働の組織運営」『協同の發見』370 号、8〜24 頁。

小山敬晴（2023）「ワーカーズ・コレクティブの法律問題」菊池馨実他編著『働く社会の変容と生活保障の法』旬報社、177〜188 頁。

岸本聡子（2023）『地域主権という希望―欧州から杉並へ、恐れぬ自治体の挑戦』大月書店。

木村満里子・井上浩子（2023）「対談：ワーカーズ・コレクティブの現在」『生活協同組合研究』568 号、14〜22 頁。

協同組合事典編集委員会（1986）『新版　協同組合事典』家の光協会。

市民セクター政策機構（2021）『社会運動』443 号（特集　ワーカーズ・コレクティブ－労働者協同組合法を知る－）ほんの木。

白井和宏（2023）「これからのワーカーズ・コレクティブの課題―『雇用されないもう一つの働き方』だけでなく『ディーセント・ワーク』の実現をめざして―」『生活協同組合研究』568 号、42〜49 頁。

富沢賢治（1997）「7 章　ワーカーズ・コープ」富沢賢治・川口清史編『非営利・協同セクターの理論と現実―参加型社会システムを求めて』日本経済評論社、328〜339 頁。

仁平典宏（2017）「政治変容―新自由主義と市民社会」坂本治也編『市民社会論―理論と実証の最前線』法律文化社、158〜177 頁。

日本協同組合学会訳編（2000）『21 世紀の協同組合原則―ICA アイデンティティ声明と宣言―』日本経済評論社。

日本労働者協同組合連合会編（2022）『＜必要＞から始める仕事おこし「協同労働」の可能性』（岩波ブックレット 1059 号）岩波書店。

藤田ほのみ（2021）「お互いさまの支えあいで心豊かに暮らせる地域社会をつくる―生活クラブ生協の実践」井出英策（2021）『壁を壊すケア―「気にかけあう街」をつくる』岩波書店、209〜233 頁。

堀越芳昭（1989）『協同組合資本学説の研究』日本経済評論社。

松本典子（2021）「アメリカにおける労働者協同組合の対抗戦略〜サンフランシスコとニューヨークの事例が日本に示唆すること〜」『協同組合研究』41 巻 2 号、38〜51 頁。

宮田惟史（2023）『マルクスの経済理論―MEGA 版「資本論」の可能性』岩波書店。

※本稿に掲載されているウェブサイトへのアクセス日は、全て 2023 年 8 月 15 日です。
※本研究は JSPS 科研費 22K01859 の助成を受けたものです。

（まつもと のりこ／駒澤大学）

（受付日 2023 年 8 月 15 日　受理日 2023 年 10 月 29 日）

# ドイツにおける企業間人的ネットワークの変容

## ——銀行業、保険業、鉄鋼業、化学産業、 電機産業、自動車産業の分析——

山　崎　敏　夫

## 1.　問題の所在

　自立した行為主体としての個別企業は、多くの場合、単独で意思決定し行動するのではなく業務上の関係、資本関係や人的結合関係などの多様な方法によって協調的な企業間関係を構築し、企業間関係の相互作用による対応をはかりながら経営を展開している。国際比較の視点からみると、ドイツでは企業間の相互作用関係の仕方が異なっており、資本所有と人的結合の面での産業・銀行間や企業間の協調的なシステムにみられる特徴的な企業体制は、「ドイツ株式会社」（"die Deutschland AG"）とも呼ばれている[1]。そこでは、銀行業の代表的な大企業のみならず保険業の大企業も重要な位置を占めてきた[2]。

　企業間関係において基軸をなすドイツの役員兼任による人的結合では、産業企業の監査役会には銀行代表の兼任役員が多く存在するだけでなく、銀行の監査役会に産業企業の出身の兼任役員がみられ、産業と銀行の双方向での役員兼任のシステムが築かれてきた。また、ある企業 A 社の役員が監査役会において兼任関係をもつ他社の B 社、さらに B 社の監査役による異なる企業 C 社の監査役会ポストの兼任が成立しているとき、A 社と B 社という 2 社の間の人的結合のレベルを超えて企業間の人的ネットワークが成立することになる。複数の企業が役員兼任のような人的結合のラインで結びつけられると「距離」の概念が生じるが[3]、ネットワークの

起点となる企業 A 社からみた場合、「A 社 → B 社」を「距離 1」、「B 社 → C 社」を「距離 2」としてとらえると、「距離 2」の範囲での A 社をめぐる監査役会を舞台とする企業間の人的ネットワークが成立することになる。同様に「A 社 → S 社」、「X 社 → T 社」というかたちで監査役兼任が成立している場合には、「距離 2」の範囲での A 社のネットワークはさらに拡大することになる。この「距離 2」の範囲での人的ネットワークは、企業間の情報の集積、交換・共有、情報フロー・メディアの機能にとって重要な意味をもつ。このような人的結合のシステムは、企業間の情報共有、利害や種々のコンフリクトの調整という面も含めて、ドイツ企業の経営行動の重要な基盤をなしてきた。

　そのような企業間の関係をめぐっては、1990 年代以降には大きな変化がみられる。経済と企業のグローバル化、金融市場の国際化とそれにともなう企業の資金調達条件の変化、アメリカの影響の強まり、投資家保護の観点に基づいた透明性の高い会計基準の適用のもとでの企業の内部的情報の意義の変化、銀行の経営行動の変化（投資銀行事業や資産管理事業への重点移動）、法制の変化などのもとで、役員兼任による産業と銀行間の関係についても変化が指摘されてきた[4]。

　他社の監査役会での役員兼任、人的ネットワークの変化については、銀行業や保険業、基幹産業の代表的企業の個別具体的な考察が重要な問題となるが、そのような詳細な分析は少ない[5]。本稿では、「ドイツ株式会社」と呼ばれる企業体制において重要な位置を占める銀行業、保険業の最も代表的な企業のほか、鉄鋼業、化学産業、電機産業、自動車産業という基幹産業部門における主要大企業の監査役兼任ネットワークの解明を試みる。そこでは、社会的ネットワーク分析の方法に基づいて、監査役会メンバーの間で形成される「距離 2」の範囲の人的ネットワークの状況を分析する。ネットワークを構成する各社の間で成立する情報のフロー・メディアとしての人的ネットワークの役割・意義という点を考慮して、考察対象の範囲を「距離 2」のネットワークとする。「距離 3」以上のネットワークの場合には当該個別企業をめぐる企業間関係の色彩が弱まること、「距離 1」の場合には当該個別企業のみを中心としたネットワークが対象となるとい

うことが、その理由をなす[6]。

　ここで、社会的ネットワーク分析の方法についてみておくと、「密度」と「中心性」という2つの概念がキーをなす。「密度」とは、企業間関係のつながり（全体構造）の凝集性の強さを測定する指標であり、ありうる人的結合の連結数（ライン総数）に対する実際の連結数（ライン数）の割合で示される。実際の連結数を可能な連結数で除したものがそれである。実際の連結数をL、ネットワークの規模を示す頂点数（構成企業の数）をnとすると、可能な連結数は n(n-1)÷2 となるので、密度＝L÷n(n-1)/2 という式で表される。一方、「中心性」は、企業間関係のつながりのなかである単独の企業がどれだけ多くの企業とのつながりがあるかを示す指標であり、兼任関係のある企業数を意味する「隣接度」という指標によって計測される。高い「中心性」の企業はネットワークのなかでの情報入手の可能性が広がることから、そのような企業の把握によって、ネットワークの情報フロー・メディアにおいて結節点として重要な位置を占める企業とそれの属する業種・産業の特定が可能となる。「密度」はネットワークを形成している企業の全体構造、その性格（まとまりぐあい）を示すのに対して、「中心性」はネットワークのなかでの中心・中核をなすのはどの企業であるのか、すなわち、個々の企業の重みを明らかにするものである[7]。

　本稿では、"Handbuch der Grossunternehemen" の最終年度版である2017年版に依拠して、1人の人物が保有しうる監査役会ポスト数に制限を加えた1965年株式法[8]後の60年代末との比較視点のもとに、社会的ネットワーク分析の手法に基づいて、銀行業、保険業、鉄鋼業、化学産業、電機産業、自動車産業の主要企業の監査役兼任ネットワークを考察する。そこでは、人的ネットワークの情報フローの結節点として銀行とともに製造業の基幹産業部門や保険業の企業も重要な位置を占めていた1960年代末とは異なり、2010年代後半の時期にはこれらの諸部門の企業の役割が大きく低下していること、各社のネットワークの凝集性は1960年代末と比べると強いが、兼任のある企業数の大幅な減少がそれと関係していること、「ドイツ株式会社」と呼ばれる協調的企業間関係のシステムの大きな変容、以前には重要な位置を占めてきた大銀行、保険会社の役割の低下が明らかにされる。

108

## 2. 銀行業における代表的企業の監査役兼任 ネットワークの構造：ドイツ銀行

　まず銀行業について考察を行うことにするが、ここでは、ドイツ銀行のネットワークについてみることにしよう。同銀行と「距離1」の範囲内に位置する企業（17社）をみると（表1参照）、鉄鋼業が1社、化学産業が2社、自動車産業が2社、銀行業が4社、保険業が2社、電力業・ガス産業・エネルギー産業が5社、その他の産業が2社であった。

　兼任関係のある企業数で測定される隣接度によって人的ネットワークにおける中心性をみると、上位10社中、銀行業が2社、保険業が1社であり、7社が非金融企業であった。その産業別内訳では化学産業が1社、自動車産業が2社、電力業・ガス産業・エネルギー産業が4社であった。上位10社の隣接度は26から12の間に分布していた。隣接度が26であった電力業・ガス産業・エネルギー産業のREW AGが首位にあり、2位および3位も同じ産業のStadtwerke Hannau GmbH（隣接度25）、innogy SE（同22）であった。4位は化学産業のBayer AG（隣接度20）、5位は自動車産業のBayerische Motoren Werke AG（BMW AG）（同18）、6位は銀行業のドイツ銀行（同17）、7位は自動車産業のDaimler Benz AG（同16）、8位は電力業・ガス産業・エネルギー産業のE. ON Energie AG（同15）、9位は保険業のMünchener Rückversicherungs-Gesellschaft（同13）、10位は銀行業のDeutsche Postbank AG（同12）であった。高い中心性を示す企業には電力業・ガス産業・エネルギー産業の企業が多く、最上位層を占めていたが、上位10社でみても、人的結合関係の広がりは限定的であった。

　また人的ネットワーク全体の性格を示す凝集性は密度の尺度によって測定される。それは0.018481であった。ドイツ銀行の監査役会メンバーの「距離1」の範囲での兼任がみられた企業は17社、「距離2」の範囲のネットワークの構成企業は総数163社であった[9]。

表1　ドイツ銀行のネットワークにおける構成企業の「中心性」[1]

| 順位 | 企　業　名 | 隣接度[2] | 業種・産業 |
|---|---|---|---|
| 1 | RWE AG | 26 | 電力業・ガス産業・エネルギー産業 |
| 2 | Stadtwerke Hannau GmbH | 25 | 電力業・ガス産業・エネルギー産業 |
| 3 | innogy SE | 22 | 電力業・ガス産業・エネルギー産業 |
| 4 | Bayer AG | 20 | 化学産業 |
| 5 | Bayerische Motoren Werke AG | 18 | 自動車産業 |
| 6 | Deutsche Bank AG[3] | 17 | 銀行業 |
| 7 | Daimler AG | 16 | 自動車産業 |
| 8 | E. ON Energie AG | 15 | 電力業・ガス産業・エネルギー産業 |
| 9 | Münchener Rückversicherungs-Gesellschaft | 13 | 保険業 |
| 10 | Deutsche Postbank AG | 12 | 銀行業 |
| 11 | Deutsche Post AG | 11 | その他の産業 |
| 11 | BVV Versorgungskasse des Bankgewerbes e.V. | 11 | 銀行業 |
| 11 | BVV Versicherungsverein des Bankgewerbes a.G. | 11 | 保険業 |
| 14 | Uniper SE | 7 | 電力業・ガス産業・エネルギー産業 |
| 15 | BHW Bausparkasse AG | 6 | 銀行業 |
| 16 | Sartorious AG | 5 | 化学産業 |
| 17 | Allianz Real Estate GmbH | 3 | その他の産業 |
| 18 | Wuppermann AG | 2 | 鉄鋼業 |

注：1) Deutsche Bank AGと距離1の範囲での兼任先企業をあわせた18社をリストアップしたもの。
　　2) 中心性は、兼任のみられる企業数である隣接度によって測定される。
　　3) 下線を引いた企業はこのネットワークの起点となる企業である Deutsche Bank AG。
出所：*Handbuch der Grossunternehmen 2017*, Bd.1, Bd.2 を基に筆者作成。

## 3.　保険業における代表的企業の監査役兼任 ネットワークの構造：アリアンツ SE

　つぎに保険業についてアリアンツ SE を考察する。同社と「距離1」の範囲に位置する企業（9社）では（表2参照）、電機産業が2社、自動車

表2　アリアンツ SE のネットワークにおける構成企業の「中心性」[1]

| 順位 | 企 業 名 | 隣接度 [2] | 業種・産業 |
|---|---|---|---|
| 1 | Siemens AG | 23 | 電機産業 |
| 2 | Bayerische Motoren Werke AG | 18 | 自動車産業 |
| 3 | Infineon Technologies AG | 17 | 電機産業 |
| 4 | Robert Bosch AG | 14 | 自動車産業 |
| 4 | Nestle Deutschland AG | 14 | 食品産業 |
| 6 | SAP SE | 13 | その他の産業 |
| 7 | Allianz SE[3] | 9 | 保険業 |
| 8 | Commerzbank AG | 8 | 銀行業 |
| 9 | GEA Group AG | 5 | その他の産業 |
| 10 | Allianz Managed Operation & Service SE | 1 | その他の産業 |

注：1）Allianz SE と距離 1 の範囲での兼任先企業をあわせた 10 社をリストアップ
　　　したもの。
　　2）中心性は、兼任のみられる企業数である隣接度によって測定される。
　　3）下線を引いた企業はこのネットワークの起点となる企業である Allianz SE。
出所：*Ebenda* を基に筆者作成。

産業が2社、食品産業が1社、銀行業が1社、保険業が1社、その他の産業が3社であった。電機産業の企業の数が多かった。

　隣接度で最上位に位置していた企業は電機産業の Siemens AG（隣接度23）であり、自動車産業の BMW AG（同 18）、電機産業の Infineon Technologies AG（同 17）、自動車産業の Robert Bosch AG（同 14）と食品産業の Nestle Deutschland AG（同 14）が上位5社に属していた。6位はその他の産業に属する SAP SE（隣接度13）、7位は保険業の Allianz SE（同 9）、8位は銀行業の Commerzbank AG（同 8）、9位と10位はその他の産業に属する GEA Group AG と Allianz Managed Operation & Service SE であり、隣接度はそれぞれ 5、1 であった。中心性の高い企業という点では電機産業の企業の数が多かった。首位の Siemens AG の場合でも隣接度は23であり、8. でみるように、1960年代末の時期との比較ではその数は少なかった。

　人的ネットワーク全体の性格を示す凝集性をみると、密度は 0.030561 であった。アリアンツ SE の監査役会メンバーの「距離1」の範囲での兼任がみられた企業はわずか9社であり、「距離2」の範囲でのネットワークを構成する企業は総数も 83 にとどまっている[10]。

## 4. 鉄鋼業における代表的企業の監査役兼任
## ネットワークの構造：ティッセンクルップ

　主要製造業部門について、まず鉄鋼業のティッセンクルップをみると、同社と「距離1」の範囲内に位置する企業（18社）の業種では（表3参照）、鉄鋼業が2社、自動車産業が2社、機械産業が4社、精密機械産業・光学産業が1社、造船業が1社、銀行業が2社、保険業が1社、電力業・ガス産業・エネルギー産業が2社、交通業が1社、その他の産業が3社であり、機械産業の企業の数が多かった。隣接度でみた上位10社（7位に5社存在するため11社）中、銀行業が2社、保険業が1社であり、非金融企業の産業別内訳では、鉄鋼業が1社、自動車産業が2社、機械産業が1社、電力業・ガス産業・エネルギー産業が2社、交通業が1社、その他の産業が1社であった。これら11社の隣接度は26から11の間に分布していた。1位は電力業・ガス産業・エネルギー産業の REW AG（隣接度26）、2位は交通業の Deutsche Bahn AG（同24）、3位は鉄鋼業の ThyssenKrupp AG（同18）、4位は電力業・ガス産業・エネルギー産業の E.ON SE（同16）、5位は自動車産業の Dr.ing.H.c.F.Porsche AG（同14）、6位は自動車産業の Porsche Automobil Holding SE（同12）であった。7位（隣接度は11）は機械産業の Airbus Defence and Space GmbH、銀行業の National-Bank AG、BVV Versorgungskasse des Bankgewerbes e.V.、保険業の BVV Verischerungsverein des Bankgewerbes a.G.、その他の産業に属する Deutsche Telekom AG の5社であった。

　またネットワーク全体の性格を示す凝集性をみると、密度は0.025708であった。ティッセンクルップの監査役会メンバーによる「距離1」の範囲での兼任がみられた企業数は18社、「距離2」の範囲でのネットワークを構成する企業は総数136社であった[11]。

表3　ティッセンクルップのネットワークにおける構成企業の「中心性」[1]

| 順位 | 企 業 名 | 隣接度 [2] | 業種・産業 |
|---|---|---|---|
| 1 | RWE AG | 26 | 電力業・ガス産業・エネルギー産業 |
| 2 | Deutsche Bahn AG | 24 | 交通業 |
| 3 | ThyssenKrupp AG[3] | 18 | 鉄鋼業 |
| 4 | E. ON SE | 16 | 電力業・ガス産業・エネルギー産業 |
| 5 | Dr.ing.H.c.F.Porsche AG | 14 | 自動車産業 |
| 6 | Porsche Automobil Holding SE | 12 | 自動車産業 |
| 7 | Airbus Defence and Space GmbH | 11 | 機械産業 |
| 7 | National-Bank AG | 11 | 銀行業 |
| 7 | BVV Versorgungskasse des Bankgewerbes e.V. | 11 | 銀行業 |
| 7 | BVV Verischerungsverein des Bankgewerbes a.G. | 11 | 保険業 |
| 7 | Deutsche Telekom AG | 11 | その他の産業 |
| 12 | Voith GmbH | 9 | 機械産業 |
| 13 | ThyssenKrupp Industrial Solutions AG | 7 | 機械産業 |
| 13 | thyssenKrupp Materials Service GmbH | 7 | 鉄鋼業 |
| 13 | Carl Zeiss AG | 7 | 精密機械産業・光学産業 |
| 16 | ThyssenKrupp Elevator AG | 5 | 機械産業 |
| 16 | ThyssernKrupp Marine Systems GmbH | 5 | 造船業 |
| 18 | Bilfinger SE | 3 | その他の産業 |
| 19 | CompuGroup Medical SE | 1 | その他の産業 |

注：1) ThyssenKrupp AGと距離1の範囲での兼任先企業をあわせた19社をリストアップしたもの。
　　2) 中心性は、兼任のみられる企業数である隣接度によって測定される。
　　3) 下線を引いた企業はこのネットワークの起点となる企業である ThyssenKrupp AG。
出所：*Ebenda* を基に筆者作成。

## 5. 化学産業における代表的企業の監査役兼任ネットワークの構造：バイエル

　つぎに化学産業についてバイエルをみると、同社と「距離1」の範囲内に位置する企業（20社）では（表4参照）、化学産業が8社、電機産業が1社、自動車産業が1社、機械産業が2社、銀行業が1社、保険業が3社、

表4　バイエルのネットワークにおける構成企業の「中心性」[1]

| 順位 | 企業名 | 隣接度[2] | 業種・産業 |
|---|---|---|---|
| 1 | Siemens AG | 23 | 電機産業 |
| 2 | Bayer AG[3] | 20 | 化学産業 |
| 3 | Covestro AG | 17 | 化学産業 |
| 3 | Covestro Deutschland AG | 17 | 化学産業 |
| 3 | Deutsche Bank AG | 17 | 銀行業 |
| 6 | Dailler Benz AG | 16 | 自動車産業 |
| 6 | Evonik Industries AG | 16 | 化学産業 |
| 8 | Henkel AG & Co. KGaA | 14 | 化学産業 |
| 8 | Linde AG | 14 | 機械産業 |
| 10 | Bayerische Pensionskasse Versicherungsverein auf Gegenseitigkeit | 13 | 保険業 |
| 10 | Hannover Rück AG | 13 | 保険業 |
| 10 | Lausitz Energie Bergbau AG | 13 | 電力業・ガス産業・エネルギー産業 |
| 13 | Bayer CropScience | 11 | 化学産業 |
| 14 | Rheinische Pensionskasse Versicherungsverein auf Gegenseitigkeit | 10 | 保険業 |
| 15 | Hannover 96 GmbH & Co. KGaA | 9 | その他の産業 |
| 16 | Stadtwerke Lutherstadt Eisleben GmbH | 7 | 電力業・ガス産業・エネルギー産業 |
| 17 | Mann+Hummel GmbH | 6 | 機械産業 |
| 18 | Bayer Pharma AG | 4 | 化学産業 |
| 18 | Evotrcc AG | 4 | 化学産業 |
| 20 | Allianz Real Estate GmbH | 3 | その他の産業 |
| 20 | MDSE Mitteldeutsche Sanierung- und Entsorgungsgesellschaft mbH | 3 | その他の産業 |

注：1）Bayer AG と距離 1 の範囲での兼任先企業をあわせた 21 社をリストアップしたもの。
　　2）中心性は兼任のみられる企業数である隣接度によって測定される。
　　3）下線を引いた企業は、このネットワークの起点となる企業である Bayer AG。
出所：*Ebenda* を基に筆者作成。


電力業・ガス産業・エネルギー産業が2社、その他の産業が3社であった。バイエルと同業種である化学産業の企業の数が多かった。

　隣接度でみた上位 10 社（10 位に 3 社存在するため 12 社）中、銀行業が 1 社、保険業が 2 社であった。残り 9 社の非金融企業の産業別内訳は、

化学産業が5社、電機産業、自動車産業、機械産業、電力業・ガス産業・エネルギー産業が各1社であった。化学産業の企業が上位層に位置していた。上位10位内の企業の隣接度は23から13の間に分布していた。1位は電機産業の Siemens AG（隣接度23）、2位は化学産業の Bayer AG（同20）、3位は化学産業の Covestro AG と Covestro Deutschland AG、銀行業の Deutsche Bank AG の3社であり、隣接度は17であった。6位は化学産業の Evonik Industries AG、自動車産業の Daimler Benz AG の2社であり、隣接度は16であった。8位（隣接度14）は化学産業の Henkel AG & Co.KGaA と機械産業の Linde AG、10位（同13）は保険業の Bayerische Pensionskasse Versicherungsverein auf Gegenseitigkeit、Hannover Rück AG、電力業・ガス産業・エネルギー産業の Lausitz Energie Bergbau AG の3社であった。

　ネットワーク全体の性格を示す凝集性についてみると、密度は0.027549であった。バイエルの監査役会メンバーによる「距離1」の範囲での兼任がみられた企業数は20社、「距離2」の範囲でのネットワークの構成企業の総数は131社であった[12]。

## 6. 電機産業における代表的企業の監査役兼任　ネットワークの構造：ジーメンス

　また電機産業についてジーメンスのネットワークをみると、同社と「距離1」の範囲内に位置する企業（23社）では（表5参照）、化学産業が2社、電機産業が2社、自動車産業が3社、機械産業が9社、銀行業が1社、保険業が1社、その他の産業が6社であった。機械産業の企業の数が多かった。

　隣接度でみた上位10社中に銀行業はみられず、化学産業が2社、電機産業が1社、自動車産業が3社、機械産業が2社、その他の産業が2社であった。上位10社の隣接度は23から13の間となっていた。1位（隣接度23）は自動車産業の AUDI AG と電機産業の Siemens AG（同23）、3位は化学産業の Bayer AG（同20）、4位は自動車産業の BMW AG（同18）、5位は機械産業の MAN SE（同17）であった。6位は自動車産業の Daimler

表5 ジーメンスのネットワークにおける構成企業の「中心性」[1]

| 順位 | 企 業 名 | 隣接度 [2] | 業種・産業 |
|------|---------|-----------|-----------|
| 1 | AUDI AG | 23 | 自動車産業 |
| 1 | <u>Siemens AG</u>[3] | 23 | 電機産業 |
| 3 | Bayer AG | 20 | 化学産業 |
| 4 | Bayerische Motoren Werke AG | 18 | 自動車産業 |
| 5 | MAN SE | 17 | 機械産業 |
| 6 | Daimler AG | 16 | 自動車産業 |
| 7 | BASF SE | 15 | 化学産業 |
| 8 | Linde AG | 14 | 機械産業 |
| 9 | SAP SE | 13 | その他の産業 |
| 9 | Fresenius Management SE | 13 | その他の産業 |
| 11 | HSBC Trinkhaus & Burkhardt AG | 12 | 銀行業 |
| 12 | BDO AG Wirtschaftsprüfngsgesellschaft | 10 | その他の産業 |
| 12 | Siemens Healthcare Diagnostics Products GmbH | 10 | 電機産業 |
| 14 | AIRBUS HELCOPTERS DEUTSCHLAND GmbH | 9 | 機械産業 |
| 14 | Allianz SE | 9 | 保険業 |
| 14 | Fresenius SE & Co. KGaA | 9 | その他の産業 |
| 14 | Voith GmbH | 9 | 機械産業 |
| 18 | Premium AEROTEC GmbH | 8 | 機械産業 |
| 19 | Axel Springer AG | 7 | その他の産業 |
| 20 | MESSER Group GmbH | 6 | 機械産業 |
| 20 | MESSER Industrie GmbH | 6 | 機械産業 |
| 22 | Airbus Operations GmbH | 5 | 機械産業 |
| 23 | Vaillant GmbH | 3 | 機械産業 |
| 24 | Pfleiderer Holzwerkstoffw GmbH | 2 | その他の産業 |

注：1）Siemens AG と距離 1 の範囲での兼任先企業をあわせた 24 社をリストアップしたもの。
　　2）中心性は兼任のみられる企業数である隣接度によって測定される。
　　3）下線を引いた企業は、このネットワークの起点となる企業である Siemens AG。
出所：*Ebenda* を基に筆者作成。

AG（隣接度 16）、7 位は化学産業の BASF SE（同 15）、8 位は機械産業の Linde AG（同 14）、9 位（同 13）はその他の産業に属する SAP SE と Fresenius Management SE の 2 社であった。

　一方、ネットワーク全体の性格を示す凝集性をみると、密度は 0.023803 であった。ジーメンスの監査役会メンバーによる「距離 1」の範囲での兼

任がみられた企業数は 23 社、「距離 2」の範囲でのネットワークを構成する企業は総数 150 社であった[13]。

## 7. 自動車産業における代表的企業の監査役兼任ネットワークの構造：ダイムラー

つぎに自動車産業についてダイムラーをみると、同社と「距離 1」の範囲に位置する企業（16 社）では（表 6 参照）、化学産業が 2 社、電機産業が 1 社、自動車産業が 2 社、機械産業が 3 社、石油産業が 1 社、流通業が

表6 ダイムラーのネットワークにおける構成企業の「中心性」[1]

| 順位 | 企 業 名 | 隣接度[2] | 業種・産業 |
|---|---|---|---|
| 1 | AUDI AG | 23 | 自動車産業 |
| 1 | Siemens AG | 23 | 電機産業 |
| 3 | Bayer AG | 20 | 化学産業 |
| 4 | Deutsche Bank AG | 17 | 銀行業 |
| 5 | Daimler AG[3] | 16 | 自動車産業 |
| 5 | Württembergische Lebensversicherung AG | 16 | 保険業 |
| 7 | Wüstenrot & Württembergische AG | 15 | 銀行業 |
| 7 | BASF SE | 15 | 化学産業 |
| 9 | Linde AG | 14 | 機械産業 |
| 10 | Münchener Rückversicherungs-Gesellschaft AG | 13 | 保険業 |
| 11 | FUCHS PETROLUB SE | 11 | 石油産業 |
| 12 | TRUMPF GmbH +Co. KGaA | 9 | 機械産業 |
| 13 | BÄKO Untermain-Franken-Thüringen Bäcker- und Konditorengenossenschaft eG | 8 | 流通業 |
| 13 | Siegener Versorgungsbetriebe GmbH | 8 | 電力業・ガス産業・エネルギー産業 |
| 15 | SMS Holding GmbH | 7 | その他の産業 |
| 16 | Allianz Real Estate GmbH | 3 | その他の産業 |
| 16 | Vaillant GmbH | 3 | 機械産業 |

注：1）Daimler AG と距離 1 の範囲での兼任先企業をあわせた 17 社をリストアップしたもの。
　2）中心性は兼任のみられる企業数である隣接度によって測定される。
　3）下線を引いた企業は、このネットワークの起点となる企業である Daimler AG。
出所：*Ebenda* を基に筆者作成。

1 社、銀行業が 2 社、保険業が 2 社、電力業・ガス産業・エネルギー産業が 1 社、その他の産業が 2 社であった。

　隣接度でみた上位 10 社中、銀行業が 2 社、保険業が 2 社であり、残り 6 社の非金融企業の産業別内訳は、化学産業が 2 社、電機産業が 1 社、自動車産業が 2 社、機械産業が 1 社であった。上位 10 社の隣接度は 23 から 13 の間に分布していた。1 位（隣接度 23）は自動車産業の AUDI AG と電機産業の Siemens AG、3 位は化学産業の Bayer AG（同 20）、4 位は銀行業の Deutsche Bank AG（同 17）、5 位は自動車産業の Daimler AG、保険業の Württembergische Lebensversicherung AG（同 16）、7 位（隣接度 15）は銀行業の Wüstenrot & Württembergische AG と化学産業の BASF SE、9 位は機械産業の Linde AG（同 14）、10 位は保険業の Münchener Rückversicherungs-Gesellschaft AG（同 13）であった。

　また、ネットワーク全体の性格を示す凝集性をみると、密度は 0.024352 であった。ダイムラーの監査役会メンバーによる「距離 1」の範囲での兼任がみられた企業数は 16 社、「距離 2」の範囲でのネットワークを構成する企業は総数 134 社であった[14]。

## 8.　役員兼任による企業間人的ネットワークの 変容と「ドイツ株式会社」

　本稿での考察結果を 1960 年代末の時期と比較すると、「距離 1」と「距離 2」の範囲で兼任がみられた企業数と件数は大きく減少している。ドイツ銀行のケースでは、1960 年代末には監査役会メンバーの兼任は 65 社でみられ、上位企業 10 社の隣接度は 80 から 57 であったが[15]、2010 年代後半の時期には、兼任が成立していた企業の数は 17 社に減少しており、上位企業 5 社の隣接度は 26 から 18 であった。アリアンツ SE の場合でも、兼任関係が築かれていた企業の数はわずか 9 社であり、上位 5 社の隣接度は 23 から 13 であった。アウグスト・ティッセンでは 1960 年代末の監査役会メンバーの兼任は 56 社でみられ、上位 10 社の隣接度は 123 から 53 であったが[16]、2010 年代後半のティッセンクルップでは、兼任関係がみ

られた企業数は 18 社に減少しており、ネットワークにおける上位 5 社の隣接度は 26 から 14 であった。化学産業のバイエルでは、1960 年代末の監査役会メンバーの兼任は 45 社でみられ、上位 10 社の隣接度は 80 から 54 であったが[17]、2010 年代後半の時期には、兼任が成立していた企業の数は 20 社に減少しており、上位 5 社の隣接度は 23 から 16 であった。ジーメンスのネットワークでは、1960 年代末の監査役会メンバーの兼任は 63 社でみられ、上位 10 社の隣接度は 80 から 57 であったが[18]、2010 年代後半には、兼任がみられた企業の数は 23 社に減少しており、上位 5 社の隣接度は 23 から 17 となっている。1960 年代末のダイムラー・ベンツの監査役会メンバーの兼任は 66 社でみられ、上位 10 社の隣接度は 81 から 57 であったが[19]、2010 年代後半の時期には、兼任が成立していた企業の数は 16 社に減少しており、上位 5 社の隣接度は 23 から 16 にとどまっている。

　また、人的ネットワークにおいて多くの企業との人的なつながりによる情報フロー・メディアの結節点として重要な位置を占める中核的企業の業種・産業別の構成では、1960 年代末の時期には、銀行とともに、鉄鋼業、化学産業、電機産業、自動車産業のような製造業の基幹産業部門、保険業や電力業などの企業も広く関与している傾向にあった。銀行の中心性が非常に高いというわけではなく、銀行のネットワークでも当該銀行の中心性が決定的に高いというわけでは必ずしもなかった。人的ネットワークの情報フロー・メディアの機能では、大銀行と主要産業の代表的企業が補完しあうかたちとなっていた。

　2010 年代後半の時期には、中心性の高い上位 5 社のなかに銀行が存在していたネットワークは、バイエル（ドイツ銀行が 3 位）、ダイムラー（ドイツ銀行が 4 位）の 2 社のみであった。中心性の高い上位 5 社のなかに保険会社が存在していたネットワークはダイムラーの 1 社（Württembergische Lebensversicherung AG が 5 位）のみであった。このように、「ドイツ株式会社」と呼ばれる協調的企業間関係のシステムにおいて中核的位置を占めてきた銀行業、保険業の有力企業であるドイツ銀行、アリアンツは、多くの企業との人的結びつきによる情報フロー・メディアの結節点として重要な役割を果たす位置にはもはやないといえる。

表7　各社人的ネットワークの密度の変化

| 　　　　企　業<br>時　期 | ドイツ銀行 | アリアンツ | バイエル | ジーメンス | ダイムラー |
|---|---|---|---|---|---|
| 1960 年代末 | 0.0077138 | 0.0082943 | 0.0083139 | 0.0093249 | 0.0097477[1] |
| 2010 年代後半 | 0.018481 | 0.030561[2] | 0.027549 | 0.023803 | 0.024352 |

注：1）ダイムラー・ベンツの数値
　　2）アリアンツ SE の数値
出所：G.Mossner (Hrsg.), *Handbuch der Direktoren und Aufsichtsräte—seit 1898—*, Bd. I，
　　　Nach Personen geordnet, Jahrgang 1970/71, Finanz- und Korrespondenz-Verlag, Berlin, 各
　　　社の営業報告書、*Handbuch der deutschen Aktiengesellschaften*, 各年度版、*Handbuch
　　　der Grossunternehmen 2017*, Bd.1, Bd.2 を基に筆者作成。


　一方、人的ネットワーク全体の性格を示す凝集性について 1960 年代末
との比較でみると、表 7 のようになる。2010 年代後半の時期には各社の
ネットワークの密度の数値は高くなっており、凝集性は強い傾向にある
が、それには、兼任関係のある企業数、「距離 2」の範囲でのネットワー
クを構成する企業数の大きな減少が関係している。1960 年代末には、「距
離 2」の範囲でのネットワークを構成する企業数[20] は、ドイツ銀行の場合
には 702 社、アリアンツの場合には 672 社、アウグスト・ティッセンの場
合には 649 社、バイエルの場合には 601 社、ジーメンスの場合には 655 社、
ダイムラー・ベンツの場合には 639 社であった。2010 年代後半には、ド
イツ銀行の場合には 163 社、アリアンツ SE の場合には 83 社、ティッセ
ンクルップの場合には 136 社、バイエルの場合には 131 社、ジーメンスの
場合には 150 社、ダイムラー・ベンツの場合には 134 社であり、企業数は
大きく減少している。
　企業集団内の産業企業のメインバンクとしての役割が大きかった日本の
大銀行とは対照的に、ドイツの銀行は特定の企業やコンツェルンとの固定
的な結びつきというかたちではなく、むしろ多くの産業の企業や企業グ
ループとの関係を築いてきた[21]。この点は役員の派遣や兼任による人的結
合にもあてはまるが、大銀行の役員兼任、人的ネットワークの大幅な縮小
のもとで、また保険会社や主要産業の大企業のそれの縮小のもとで、人的
結合関係は大きく変化した。各社のネットワークを構成する企業の業種・

産業をみても、ドイツ資本主義の基幹産業として重要な位置を占めてきた重化学工業のような製造業部門の企業が少なくなっているだけでなく、隣接度でみた中心性の高い企業でもこれらの産業の企業は減少している。企業間関係のシステムとも深い関連をもつ役員兼任による人的結合の面では、「ドイツ株式会社」と呼ばれる企業体制の大きな変容がみられる[22]。

　本稿では、ドイツの協調的な企業間関係の変容をとらえるべく主に同国企業間の人的ネットワークを考察したが、グローバル化した大企業の実態という点では国際間の人的ネットワークの実態の解明が重要となる。また、近年の変化をみると、情報通信技術（ICT）の普及は経営資源としての情報の入手・交換のツールとして重要な役割を果たすが、取引関係などの業務上での「情報」の経営資源化を促進するICTが企業間関係、人的結合関係におよぼす影響という点も重要である。企業の内部情報のやりとりにおける役員兼任の意義という点を考えると、ICTが媒介する情報の質という面も含めて人的結合の機能をどの程度代替しうるのか、あるいは促進するのかという点の実態把握が重要となる。

　また従来の株式の相互持合関係からインデックス・ファンド等による株式保有による水平的株式保有への資本所有の形態変化が人的結合におよぼす影響という点も、重要な問題である。議決権行使をとおした監査役選任への影響の実態の把握、金融機関が水平的株式保有を行う場合や、銀行の寄託議決権の行使による監査役の選任との関連で資本保有の形態変化の影響を把握することが必要となろう。このような資本関係性は多くの株式を瞬時に売買するアルゴリズム制御（高頻度取引＝HFT）によるものであることとの人的ネットワークの関連、資本結合と人的結合のネットワークにおける従来検討されてきた利害関係との相違なども、重要な論点となる。とくに金融機関（銀行、保険会社）の人的結合の重要な機能のひとつが業務上の関係の維持・強化や融資先、中長期の株式保有先である企業のモニタリングにあることから、高頻度取引の最も主要な対象となる、継続的関係の維持という面が薄い会社との利害関係は、人的結合が形成されるような業務上の深い関係にある企業同士の間の場合とは異なるとも考えられる。これらの問題の詳細な考察は、今後の研究課題としたい。

## 注

1) 例えば、W.Streeck, M.Höpner (Hrsg.), *Alle Macht dem Markt? Fallstudien zur Abwicklung der Deutchland AG*, Berlin, New York, 2003, R.Zugehör, *DieZukunft des rheinischen Kapitalismus: Unternehmen zwischen Kapitalmarkt und Mitbestimmung*, Leske+Burdich, Opladen, 2003〔風間信隆監訳、風間信隆・松田 健・清水一之訳『ライン型資本主義の将来―資本市場・共同決定・企業統治―』文眞堂、2008年〕, G.Cromme, Corporate Governance in Germany and the German Corporate Governance Code, *Corporate Governance: An International Review*, Vol.13, No.3, May 2005, p.362, M.Adams, Die Usurpation von Aktionsärsbefugnissen mittels Ring-verflechtung in der Deutschland AG, *Die Aktiengesellschaft*, 39. Jg, Nr.4, 1.4. 1994, P.Windolf, Die Zukunft des Rheinischen Kapitalismus, J.Allmendinger, T.Hinz (Hrsg.), *Organisationssoziologie*, Westdeutscher Verlag, Wiesbaden, 2002, J.Beyer, *Pfadabhängigkeit über institutionelle Kontinuität, anfällige Stabilität und fundamentalen Wandel*, Campus, Frankfurt am Main, 2006, Kapitel 2, D.Furch, *Marktwirtschaften unter dem Druck globalisierter Finanzmärkte, Finanzsysteme und Corporate-Governance-Strukturen in Deutschland und Italien*, Springer NV,Wiesbaden, 2012 などを参照。

2) B.Eggenkämper, G.Modert, Pretzlik, *Die Allianz.Geschichte des Unternehmens 1890-2015*, Verlag C.H.Beck, München, 2015, S.248, W.Plumpe, A.Nützenadel, R.Schenk, *Deutsche Bank.Die globale Hausbank 1870-2020*, Propyläen, Berlin, 2020, S.XVI.

3) 仲田正機・細井浩一・岩波文孝『企業間の人的ネットワーク―取締役兼任制の日米比較―』同文舘出版、1997 年、40 ページ、P.A.Hannemann, M.Riddle, Concepts and Measures for Basic Network Analysis, J.Scott, P.J.Carrington (eds.), *The SAGE Handbook of Social Network Analysis*, SAGE, London, 2011, p.343 参照。

4) M.Höpner, Corporate Governance in Transition: Ten Empirical Findings on Shareholder Value and Industrial Relations in Germany, *MPIfG (MaxPlanck-Institut für Gesellschaftsforschung) Discussion Paper 01/5*, October 2001, pp.17-19, p.26, p.50, J.Beyer, *a.a.O.*, D.Furch, *a.a.O.*, S.Beck, F.Klobes, C.Scherrer, Conclusion, S.Beck, F.Klobes, C.Scherrer (eds.), *Surviving Globalization? Perspectives for the German Economic Model*, Springer, Dordrecht, 2005, p.228, J.Kengelbach, A.Roos, Entflechtung der Deutschland AG.Empirische Untersuchung der Reduktion von Kapital- und Personalverflechtungen zwischen deutschen börsennotierten Gesellschaften, *M&A Review*, 1/2006, S.12, S.21, W.Streeck, German Capitalism. Does It Exist? Can It Survive? C.Crouch, W.Streeck (eds.), *Political Economy of Modern Capitalism: Mapping Convergence and Diversity*, SAGE, London, 1997, p.51〔山田鋭夫訳『現代の資本主義制度 グローバリズムと多様性』NTT 出版、2001 年、77

ページ〕U.Jürgens, K.Naumann, J.Rupp, Shareholder Value in an Adverse Environment: the German Case, *Economy and Society*, Vol.29, No.1, February, 2000, p.70, Monopolkommission, *Hauptgutachten 2006/2007, Weniger Staat, mehr Wettbewerb. Gesundheitsmärkte und Staatliche Beihilfen in der Wettbewerbsordnung* (Haupugutachten der Monopolkommission, XVII), 1. Aufl., Baden-Baden, 2008, S.198.

5）P.Windolf, The Corporate Network in Germany, 1896-2010, T.David, G.Westerhuis (eds.),*The Power of Corporate Networks. A Comparative and Historical Perspective*, Routledge, New York, 2014, J.Beyer, *a.a.O.*, D. Furch, *a.a.O.*, などを参照。例えば P. ヴィンドルフの2014年の研究では、2000年以降にはドイツの企業ネットワークのほぼ完全な解体がみられるとされているが（P.Windolf, *op.cit.*, p.80）、主要業種・産業の代表的企業についての個別具体的な分析はなされてはいない。

6）仲田・細井・岩波、前掲書、40ページ参照。

7）同書、38-41ページ、R.A.Hannemann, M.Riddle, *op.cit.*, 参照。

8）H.Pfeiffer, *Die Macht der Banken. Die personellen Verflechtungen der Commerzbank, der Deutschen Bank und der Dresdner Bank mit Unternehmen*, Campus, Frankfurt am Main, 1993, S.158-159.

9）*Handbuch der Grossunternehmen 2017*, 64. Ausgabe, Bd.1, Bd.2, Bisnode Deutschland GmbH, Darmstadt, 2017 を基に筆者算定。

10）*Ebenda* を基に筆者算定。

11）*Ebenda* を基に筆者算定。

12）*Ebenda* を基に筆者算定。

13）*Ebenda* を基に筆者算定。

14）*Ebenda* を基に筆者算定。

15）山崎敏夫『ドイツの企業間関係―企業間人的結合の構造と機能―』森山書店、2019、305ページ。

16）同書、323ページ。

17）同書、351ページ。

18）同書、358ページ。

19）同書、372ページ。

20）この点については、G. Mossner (Hrsg.), *Handbuch der Direktoren und Aufsichtsräte——seit 1898——*, Bd.I, Nach Personen geordnet, Jahrgang 1970/71, Finanz- und Korrespondenz-Verlag, Berlin, 各社の営業報告書、*Handbuch der deutschen Aktiengesellschaften*, 各年度版を基に筆者算定。山崎、前掲書、351ページをも参照。

21）前川恭一『日独比較企業論への道』森山書店、1997年、58ページ。

22）独占委員会の 2022 年の調査結果に基づいて、付加価値生産額でみた上位 100
のドイツ企業間の人的結合を 1988 年と 2020 年で比較すると、業務執行機関の
メンバーによるその数は 235（うち銀行・保険会社によるものは 106、非金融
部門の企業によるものは 129）から 32（同 25、7）に、管理機関をとおしたその
他の人的結合の数は 471 から 71 に減少している［Monopolkommission, *Wettbewerb*
*2022* (Haupugutachten der Monopolkommission: XXIV), Nomos, Baden-Baden, 2022,
S.34-35］。この調査報告書では、最大 100 社でみた代表的企業相互の人的結合
の減少のみならず、資本結合も引き続き低い水準にあることが指摘されてい
る。*Ebenda*, S.1.


（やまざき　としお／立命館大学）


（受付日　2023 年 7 月 19 日　受理日　2023 年 11 月 21 日）

# 『ドイツにおける産業と銀行の関係
## ―役員兼任と銀行顧問会制度による人的結合の歴史的分析―』

山崎敏夫著、森山書店、2023 年、（はしがき 13 頁 +）512 頁

桜　井　　　徹

## 1.　はじめに

　著者の山崎敏夫立命館大学教授は、すでにドイツの企業・経営問題を中心とする単著 10 冊（うち 1 冊は英文著作）を公刊されている[1]。しかも日本語著作のほとんどが 500 ページ前後の著作である。今回の著作は、山崎氏の単著 11 冊目となる。最初の単著は 1997 年の発刊なので、2.4 年に一冊のハイペースで単著をものにしていることになる。英文著作は、本学会の第 1 回学会賞学術賞を受賞されている。

　これに対して評者は、単著は一冊のみで、しかも、それはドイツ関係の著作ではあるけれども、鉄道改革の日独比較であり、書評する資格はほとんどない。それでも、本紀要編集部が評者に本書の書評を依頼したのは、おそらくは、近年、ガバナンス論や企業パーパス論を少し扱っているからである以外に、批判的に取り上げて欲しいという要望もあるかも知れない。というのは、評者が常日頃、学会で「年の功」から歯に衣を着せない発言をしているからである。

　書評にあたるドイツ語は Buchbesprechung であり、その意味は、Duden 社の *Das große Wörterbuch der deutschen Sprache*, 4. Aufl. 2012（『ドイツ語大辞典』）によれば、"kritische Würdigung eines [neu erschienenen] Buches"（[新刊] 書籍の批判的評価）なので、素人ながら、単なる紹介よりはやや

批判に重点を置いた書評としたい。あらかじめ、山崎氏の寛恕をお願いする次第である。

　書評は本書の構成に沿って以下の順序で行う。まず「はじめに」に関連して本書の課題とその意味、および分析方法と分析資料について紹介を行った後、本書の基本構成部分である第1部から第4部までの内容と結びについて可能な限り簡単に述べ、最後に、本書の意義と問題点を述べる。

## 2. 本書の課題、分析方法および使用文献

　本書の課題について著者は次のように述べている。「本書では、人的結合の面からみた産業と銀行の関係について、20世紀初頭から今日に至る歴史的過程を取り上げて、企業間の比較の視点のもとに、ドイツ銀行、ドレスナー銀行、コメルツ銀行というかつての三大銀行を対象として分析を行う」（本書5頁）。

　ここで「かつての三大銀行」と述べているのは、ドレスナー銀行が2009年にコメルツ銀行に吸収されたからである。この三大銀行の人的結合の歴史的過程の分析という課題を、著者は次の4点にわけて分析する。①「銀行の役員兼任による企業間人的結合の構造」、②「銀行をめぐる役員兼任による企業間人的ネットワークの構造」③「役員兼任の機能」④「銀行の顧問会制度による企業間人的結合の構造と機能」。これは本書の第1部から第4部の各々で展開されることになる。

　なぜ三大銀行の人的結合の歴史的分析を行う必要があるのか。その意義は何か。

　端的に言えば、コーポレート・ガバナンス論における「ライン型資本主義」ないしは、「調整された市場経済」と関連したドイツ資本主義の特徴の解明にある。「本書の問題意識」で著者は、大要、次のように述べている。アングロサクソン型と言われる米国型資本主義がグローバルスタンダードとして喧伝されているが、ドイツ資本主義は、それと対比される「ライン型資本主義」や「調整された市場経済」の代表例である。その特徴は、「資本所有と人的結合の両面における産業・企業間の関係、銀行間

の協調的関係のシステム」（本書 1 頁）である。そして、その特質の中核
を形成しているのが銀行と産業（産業企業）間の結合関係であり、その関
係の紐帯が人的結合（役員、とくに監査役兼任や顧問会制度）だというの
である。

　たしかに、ミッシェル・アルベール『資本主義対資本主義』（小池はる
ひ訳、竹内書房新社、1992 年、140 頁）でもドイツ資本主義を銀行型資本
主義と呼んでいる。C. ハムデン-ターナーと A. トロンペナールス『七つ
の資本主義　現代企業の比較経営論』（上原一男ほか訳、日本経済新聞社、
1997 年、255 頁）もドイツは追いつき型後発工業化戦略を取っており、そ
の中心的役割を担ったのが銀行であると指摘している。その意味で、銀行
と産業の間の人的結合の歴史的過程を分析することは、ドイツ資本主義歴
史的源流とその変化にもつながるのではないかと思われる。

　本書の分析方法は次の 2 点である。

　一つは、銀行と産業の関係に係わる分析方法である。本書の表現では、
ドイツ「の社会経済的な特質に規定されて産業と銀行との間の関係が歴史
的過程をとおしてどのように変化し、この国に特殊的な企業経営の展開の
基礎をいかに築くことになったのかという視角」（本書 14 頁）である。こ
の視角は、とくに 6 つの時期にわけて役員兼任構造の推移を分析した第 1
部で用いられている。①独占資本主義移行期、②第一次大戦期のインフ
レーション期、③ナチス期、④ 1965 年株式法以前の時期、⑤ 1965 年株式
法以後の時期および⑥ 2020 年代初頭の時期である。第 2 部から第 4 部ま
でに関しては、主に③と⑤の時期が取り扱われている。

　もう一つは企業間のネットワーク分析に関する方法である。その中心概
念が「密度」、「中心性」および「重複度」である。これらの概念は、仲田
正機ほか『企業間の人的ネットワーク―取締役兼任制の日米比較―』（同
文舘出版、1997 年）に基づいている。その分析に第 2 部が充てられている。

　密度とは、「企業間関係のつながり（全体構造）の凝集性の強さを測定
する指標」（本書 14 頁）であり、L÷n(n-1)/2 で表現される。L は実際の
人的連結数で、n は関係企業数、n(n-1)/2 は、関係企業数で構成されるす
べてのあり得るネットワーク数である。わかり易く言えば、5 つの企業で

構成される場合の理論上可能なネットワーク数は五角形のすべての頂点を結ぶ線の数であり、5×(5-1)/2=10 である。5つの企業間で実際の連結数が4であれば、密度は、4÷10=0.4 となる。次に「中心性」とは、ネットワーク内の中心に位置する企業に隣接する企業数によって計測されるもので、「ネットワークにおける単独企業の他の企業とのつながりの強さを測定する指標である」（本書15頁）。最後に「重複度」は、「兼任度とも呼ばれ、企業間の人的なつながりの連結数（ライン数）の重複の程度を測定する指標である」（同上頁）。

　二つの分析方法は前者を歴史的分析方法とすれば、後者は構造的分析方法と言える。

　分析の素材である文献を見てみたい。先行研究を含む二次文献を別にすれば、人的結合（役員直接・間接兼任）の数量的分析では、分析に統一性を持たせるために各時期の株式会社の取締役と監査役の住所録が用いられている[2]。ただし2020年代の分析ではドイツ銀行とコメルツ銀行の営業報告書が使用されている。

　各産業企業の監査役会における銀行兼任役員の役割の具体的な記述（第3部と第4部）に関しては、各銀行の営業報告書に加えて、各文書館に収蔵されている、ドイツ銀行やコメルツ銀行の歴史文書（Historisches Archiv）、電機企業のAEGやジーメンスの、製鉄・工業製品のティッセン・クルップコンツェルンの歴史文書、さらに化学・製薬企業のバイエルの歴史ファイルなどが活用されている。まさに数回、とりわけコロナ危機下でも遂行されたドイツでの現地調査のたまものである。

## 3. 各部と結章の内容

　第1部は上述した①〜⑥の6つの時期における三大銀行（2020年代初頭はドイツ銀行とコメルツ銀行）の監査役会・取締役役員の他社の監査役会との直接・間接兼任構造を産業別・職位別に数量的に分析したものである。

　通史的には次のように要約できる。兼任数は、第一次大戦後に最も多

く、ナチス期に微減し、50 年代末に再び増加。しかし 60 年代末には再び微減し、そして 2020 年代初頭に急減する。このことは三大銀行全体（2020 年代初頭はドイツ銀行とコメルツ銀行）に共通することである。2020 年代初頭に兼任数が激減するということは注目すべき現象である。「産業と銀行の関係を基軸とする協調的な企業間関係を重要な柱のひとつとする『ドイツ株式会社』と呼ばれる企業体制は、1990 年代以降には根本的に変革される結果となったものといえる」（本書 236 頁）からである。

　「ドイツ株式会社」と呼ばれる企業体制は根本的に変革されたのか。この回答は、終章で幾つかの要因について指摘されている。「経済と企業のグローバル化や金融市場の国際化」、「資金の調達条件の変化」、「新しい金融技術の発展による銀行のリスクの変化」、「アングロ・アメリカ的なより高い透明性の確保の傾向による内部的なモニタリングの利点の減少」、「ハウスバンク的業務から投資銀行業務への重点移動にみられるような銀行の経営行動の変化」、そして「他社との間の所有関係の見直し」などである（本書 491 頁）。だが、これらは指摘に止まっており、関連文献名が掲出されているとはいえ具体的資料で分析されてはいない。この問題は、著者にとっては、残された重要な課題なのである（本書 502 頁）。

　第 2 部「役員兼任による人的ネットワークの構造」は二つの章、ナチス期を扱う第 7 章と 1965 年株式法以後を扱う第 8 章から構成されている。分析方法で述べたように、三大銀行の人的結合のネットワークの凝集性を現す密度、ネットワークにおける個々の企業の重み付けを現す中心性および重複度に基づいて、二つの時期における三大銀行のネットワーク構造の特徴が丹念に分析されている。これによって各時期における三大銀行間のネットワークの相違が明らかにされただけでなく、ナチス期と 1965 年株式法以後との相違が明らかにされている。ナチス期での各銀行ネットワークの密度はドイツ銀行では 0.0044987、ドレスナー銀行 0.0038978、コメルツ銀行 0.003738（本書 270 頁）であるのに対して、1965 年株式法以後でのそれは、ドイツ銀行 0.0077138、ドレスナー銀行 0.0085992、コメルツ銀行 0.0078716（本書 294 頁）と、全体的に密度は高くなっているが、その中でもナチス期ではドイツ銀行が 1965 年株式法以後ではドレスナー銀行

が高いという結果になっている。また中心性は全体的にナチス期よりも
1960年代後半では低くなっている。いずれの密度も日本と米国の主要企
業の企業間ネットワーク分析（仲田ほか『前掲書』）のそれに比べてほぼ
一桁小さくなっている点は説明が欲しい。

　第1部と第2部が、人的結合ネットワークの量的分析であったとすれば、
第3部は、銀行と企業の結合における役員兼任の役割や企業の銀行に対す
る役割を、第二次大戦前（ワイマール期とナチス期）と第二次大戦後、と
くに60年代〜80年代について具体的事例を分析している。登場する企業
はダイムラーやAEGなどの大企業である。指摘されるのは、銀行から派
遣されている兼任監査役の調節的機能である。例えば1929年の大恐慌時
に、自動車産業のBMWとダイムラーの監査役を兼任していたドイツ銀行
の役員は、両者における生産の委託や分業などの協調関係の形成に貢献し
たとされている（本書309頁）。著者は、この銀行の調節的機能について
は、戦後の場合をより詳細に記載している。その代表的事例はドイツ銀行
の監査役会長であったH. J. アプスのゴム産業や化学産業における役割や、
ドレスナー銀行のJ. ポントの機械産業のマンネスマンやデーマーグさら
にクルップコンツェルンに果たした役割などであり、いずれも各社の会議
資料に基づいて分析されている。

　こうした銀行の兼任役員の企業間関係に果たした調節的役割は、言うま
でもなく「調整された資本主義」における調整の実体を形成したと言える
ものである。

　第4部は、銀行顧問会による人的結合の構造と機能に関する分析であ
り、4つの章から構成される。第11章と第12章は戦前を、第13章と第
14章が戦後を扱っている。銀行顧問会（Beirat）は、銀行経営者が事業遂
行のために設置する助言機関であり、本店顧問会と各地域顧問会に分かれ
る。この顧問会に産業の監査役会の役員などが任命され、これらの人々が
銀行と産業との人的結合を補完する役割を担っていることが歴史文書を駆
使して分析されている。

　著者によれば、戦後の顧問会は1965年の株式法で監査役会の役員の兼
任数が制限されたのを補完するために活用された。そうであれば、役員兼

任数の減少に見られる 2020 年代初頭での顧問会の状況も知りたいところ
である。

　結章では各部の内容を総括している。とくに注目したのは次の 2 点であ
る。一つは、今日における銀行と産業との関係の変化に関連してドイツ株
式会社の「終焉」を述べている点である。二つは、資本主義の特質という
視点と、金融資本という視点とを融合しようとした点である。即ち、金融
資本の内実としての人的結合を強調したレーニンも、組織性という点でド
イツは米国とは異なっていると述べたことを紹介し、その特質は、第二次
大戦後も、寄託株式による銀行の議決権行使などを通じた銀行の新しい役
割のもとで引き続き存続していたと、著者は述べている。換言すれば、20
世紀初頭から、少なくとも 1990 年代頃までは、銀行と産業の一体的行動
というドイツ金融資本の特質が存続したと見ているようである。

## 4.　本書の意義と若干の疑問

　本書の意義は、端的に言えば、ライン型資本主義や調整された資本主義
の代表例としてのドイツ資本主義の特質を形成している銀行と企業の人的
結合関係について、20 世紀初頭から今日に至る歴史的推移を分析し、そ
の関係が、今日、変化しつつあることを明らかにしたことにある。とりわ
け銀行・産業各社の歴史文書を丹念に読み解き、企業間を調整する銀行の
兼任役員の役割を明確にした研究業績として高く評価したい。

　しかしながら、次の 2 点について疑問を呈したい。

　第 1 は、ドイツにおける銀行と産業との関係を人的結合に限定して分析
されていることである。著者も、冒頭で、「資本所有と人的結合の両面に
おける産業・企業間の関係、銀行間の協調的関係のシステム」と述べてい
るように、銀行と産業の結合関係には人的結合とともに所有関係がある。
ヤイデルス『ドイツ大銀行の産業支配』（長坂聰訳、勁草書房、1984 年、
127 頁）は、大銀行の「産業に対する関係の形態」として人的結合の他に
当座勘定取引、証券発行の世話、直接的参与を指摘している。銀行と産業
の多様な関係の分析の欠如が、1990 年代における関係の変化が生じた要

因の不十分な分析につながっているのではないだろうか。

　ついでに言えば、レーニンはヤイデルスに基づいて、「銀行と産業との『人的結合』は、これらの会社と政府との『人的結合』によって補足されている」（『帝国主義論』国民文庫版、54頁）と述べている。この点についての分析もお願いしたいところである。

　第2は、ライン型資本主義ないしは調整された資本主義としてのドイツ資本主義の特質を銀行と産業との関係、とくに人的結合から説明しようとしている点についてである。すでに述べたように、2000年代の銀行と産業間の人的結合の度合いは小さくなった。人的結合のあり方にドイツ資本主義の特質があったという著者の立場からすれば、ドイツ資本主義は大きく変貌したということになる。

　しかしながら、果たしてそうであろうか。著者も引用されている R. ツーゲヘア『ライン型資本主義の将来―資本市場・共同決定・企業統治―』（風間信隆監訳、文眞堂、2008年）は、資本市場の圧力という点で米国型に移行している面と同時に、ドイツでは資本市場に晒されない非上場会社が多いこと、とりわけ共同決定制が機能している状況下では、むしろドイツ資本主義は、ライン型とアングロサクソン型のハイブリッドになっていると指摘している。

　これに関連して、ドイツの企業体制の特徴として非上場企業が多く、また上場企業も含めて同族企業が多いことを指摘したのが吉森賢『同族大企業』（NTT出版、2015年）である[3]。ライン型資本主義ないしはドイツ資本主義の特質もそうした観点からも把握されるべきである。

　そうした点から見たとき、銀行と産業間の人的結合関係からのみドイツ資本主義の特質とその変化を分析することには大きな限界があるのではないだろうか。

注
1) 10冊は以下のようである（頁数は本文の頁数）。日本語著作の出版社はいずれも森山書店。①『ドイツ企業管理史研究』（1997年、378頁）、②『ヴァイマル期ドイツ合理化運動の展開』（2001年、462頁）、③『ナチス期ドイツ合理化運動の展開』（2001年、459頁）、④『現代経営学の再構築：企業経営の本質把握』

（2005 年、506 頁）、⑤『戦後ドイツ資本主義と企業経営』（2009 年、562 頁）、⑥『現代のドイツ企業：そのグローバル地域化と経営特質』（2013 年、611 頁）、⑦ *German Business Management: A Japanese Perspective on Regional Development Factors* (Springer Verlag, 2013, paperback 2015, 247 pages)、⑧『ドイツ戦前期経営史研究』（2015 年、365 頁）、⑨『企業経営の日独比較：産業集中体制および「アメリカ化」と「再構造化」』（2017 年、612 頁）、⑩『ドイツの企業間関係：企業間人的結合の構造と機能』（2019 年、544 頁）

2) H. Arends, C. Mossner (Hrsg.), *Adressbuch der Direktoren und Aufsichtsrats-Mitglieder der Aktien-Gesellschaften 1908*, H. Arends, C. Mossner (Hrsg.), *Adressbuch der Direktoren und Aufsichtsräte 1922*, J. Mossner (Hrsg.), *Adressbuch der Direktoren und Aufsichtsträte 1936*, J. M. v. Morr (Hrsg.), *Adreßbuch der Direktoren und Aufsichtsräte*, 1960, G. Mossner (Hrsg.), *Handbuch der Direktoren und Aufsichträte seit 1908,* である（記載は一部簡略）。

3) 株主利益を追求しない「企業パーパス論」が推奨する企業形態が、非上場で共同決定であるドイツや北欧における産業財団所有企業である。評者は、こうした企業形態がライン型資本主義、ないしはステークホルダー資本主義の構成要素として把握できるのではないかと考えている（拙稿「持続可能な社会と企業所有―株主資本主義批判としての企業パーパス論の意義と限界―」『比較経営研究』第 46 号、2022 年 6 月、参照）。

（さくらい　とおる／日本大学名誉教授）

# 『日本の消費者行政と CSR・企業倫理』

山下裕介著、中央経済社、2023 年

山　田　雅　俊

## 1.　はじめに

　企業倫理研究は、組織とそのマネジメントを研究対象とする経営学と、規範的視点から行為主体の行動を問う倫理学という異なる学問体系に立脚する。そのため、企業倫理の概念と想定される行為主体は論者によって異なる状況にある。企業倫理（business ethics）や企業の社会的責任（corporate social responsibility; CSR）に対する関心が広まりつつある一方で、企業による犯罪や不祥事が後を立たない。企業倫理は再検討される必要がある。こうした状況において、山下裕介准教授は企業倫理とは何であり、どのようにしたら企業倫理を確立・機能させることができるかという課題に取り組んでいる。その研究成果の一つが本書『日本の消費者行政と CSR・企業倫理』である。

　本書の目的は、日本において企業に対する消費者行政による規制を強化するための規範的理論を構築することにある。本書の問題意識は、企業や業界団体による自主的な CSR や企業倫理だけでは企業不祥事を防止することに対して限界があり、そのため行政による規制ないし啓発がより良い市民社会の構築にとって重要であるというものである。この問題意識の前半部、すなわち、企業や業界団体による自主的な CSR や企業倫理には限界があるという山下准教授（以下、著者と表記）の見解は、前著『企業倫理研究序論—経営学的アプローチと倫理学的考察—』（文理閣、2017 年）における議論[1]を前提としているため、本書において詳細な考察はなく、

「はしがき」において「各民間事業者の自主的な努力や、経済団体や業界団体などの団体単位での自主的な努力などだけでは、CSR（corporate social responsibility：企業の社会的責任）や企業倫理（事業者倫理といってもよい）の十全な実現は難しいからである。特に、個別企業による不正・不祥事発生防止のための自己規制としての企業倫理の実現には、大きな限界がある」という記述が見られるだけである。本書は、同問題意識の後半部、すなわち、より良い市民社会を構築するための規制や啓発という消費者行政、特に消費者庁の役割について検討している。以下では、このような本書における各章の概要を紹介し、所感を述べる。なお、本書は、2019年から2023年の間に、『経済学論集』（駒澤大学経済学部紀要）と『作大論集』（作新学院大学紀要）に著者が投稿した論文4編を加筆・修正のうえ収録することによって刊行された。

## 2.　本書の概要

　本書の構成は次の通りである。すなわち、第1章「消費者庁設置構想をめぐる論争の研究」、第2章「消費者庁とCSR・企業倫理—包括的なCSR・企業倫理行政を実現する体制・制度の検討—」、第3章「元・消費者庁長官へのヒアリング実施報告とその解説・考察—消費者行政における総合調整機能と生活者・消費者市民—」、第4章「内閣府消費者委員会の機能と課題」という4つの章（総ページ数116ページ）と、付録（1.「戦後消費者行政史年表・解説」、2.「歴代消費者担当大臣及び消費者庁長官一覧」、3.「消費者庁職員定員の変遷［2009年〜2018年］」、4.「消費者庁及び消費者委員会設置関連法令」；総ページ数41ページ）である。また、参考文献リスト、初出一覧、英文要旨、索引もある。

　第1章では、各省庁による縦割り行政という政治的過程において、多様な消費者問題に効果的に対応するために消費者行政を一元化することは、戦後以来、日本の政治的・行政的課題であったとする。そのうえで、消費者行政の一元化の方途としての消費者庁の設置、および消費者庁のあり方についての、政界や民間各界・識者による論争を紹介している。消費者庁

は 2009 年 9 月 1 日に発足したが、それに到るまでの 2000 年代における消費者庁に関わる議論は、大別して 4 つ、詳細には 9 つの種類があるとしている。すなわち、(1) 国民生活センター（消費生活センター）志向論；1-1. 国民生活センター縮小・整理合理化論と 1-2. 国民生活センター（消費生活センター）強化論、(2) 新組織（消費者庁）懐疑論；2-1. 既存の食品安全関連法規・行政の改革重視・先行論と 2-2. 消費者啓発推進論（「善き消費者」推進論）と 2-3. 消費者庁否定（懐疑）論、(3) 新組織（消費者庁）「機構」志向論；3-1.「スリムな」消費者庁構想論と 3-2. 大規模組織としての消費者庁構想論、(4) 消費者オンブズマン志向論；4-1. 政府型オンブズマン（スウェーデン型）志向論と 4-2. 非政府組織型オンブズマン志向論、である。これらの議論が複雑に交錯し合いながら消費者庁が発足することになるのだが、このような議論の多様性は、消費者庁が今後さらに発展していく可能性を示唆するものと著者は解している。

　第 2 章では、消費者庁の設立理念・使命とその意義、消費者行政における消費者庁の司令塔機能、イギリスの CSR 行政を考察し、日本の消費者行政の体制・制度について検討している。最初に、消費者庁の理念・使命・意義について、著者は、消費者庁は企業に対して CSR や企業倫理を実践させるために公的規制を行う行政組織であるとする。消費者庁が発足する直前の福田康夫首相・内閣による施政方針演説や有識者懇談会、および消費者行政推進基本計画において、「消費者」と「生活者」、ならびに「消費者市民社会」と「生活者市民社会」という用語が同義語として使用されていることを指摘する。また、「消費者庁職員の行動指針」における「消費者・生活者の視点に立ち、国民全体の利益を考え」るという記述を紹介する。さらに、生活者概念に関わる先行研究に基づいて、企業の各種ステークホルダー（従業員・顧客・投資者・債権者等）はすべて消費者であり生活者であるとする。これらのことから、消費者庁は生活者市民社会の実現を目指す組織であり、企業に対してステークホルダー全体に対する適切な配慮、すなわち CSR や企業倫理の実践を求める行政機関であると結論づける。

　次に、消費者行政における消費者庁の司令塔機能について、消費者庁は

消費者行政について内閣府と同等の総合調整機能が与えられていることに著者は注目する。総合調整機能とは行政各部の施策の統一を図るために総合的に調整を行う権限である。消費者庁の総合調整機能は、（1）法令により消費者庁が直接対応できない問題に対して当該所管官庁に対処を要請すること、またその当該所管官庁の対処に問題があるときにその是正を要請すること、および（2）消費者庁が必要に応じて他の行政機関に対応を要請すること、をその内容とするという。このうち（1）は措置要求権と勧告権という権限であるが、消費者庁はこれを行使することはほとんどなく、事務レベル協議や大臣折衝によって他官庁への対応要請を行っているという。

　最後に、著者は、生活者中心の消費者行政の先例として、イギリス政府によるCSR行政・政策（2000年〜2010年）について考察している。イギリス政府のCSR行政は、企業と各種ステークホルダーとの間に存在する社会的課題の解決促進のための取り組みである。その特徴は、企業とステークホルダーとの対話の場を用意・斡旋する機能を重視し、そうすることによって企業倫理問題を含む社会的課題の解決につなげる点にあるという。日本でも、「社会的責任に関する円卓会議」など、同様の取り組みが見られるものの、公共サービスの担い手を行政から一般市民に移行することが政策的に進められる中で、対話によってCSRを推進するという機能は円卓会議から失われているという。

　以上の考察を踏まえ、著者は、生活者中心の社会を作るという消費者庁の理念・使命を実現するための手段として、消費者庁の権限と組織の強化・拡大は「行政のスリム化志向」の日本の現状において現実的ではないとし、代わって、消費者庁が中心となって関係省庁の施策を総合調整して統一的に運用するという既存の仕組み・制度を活用することが日本のCSR・企業倫理行政にとって重要であると結論づけている。

　第3章は、前章における2つの議論を検証するために2022年2月2日に著者が実施した、元消費者庁長官に対する書面によるヒアリング調査の概要とその結果を記述している。ここで、前章における2つの議論とは、（1）生活者概念は企業の全ステークホルダーを包摂すること、および（2）消費者行政における総合調整は事務レベル協議において実現され、生活者

の権利・利益の擁護が可能となること、である。同ヒアリング調査では、福嶋浩彦氏（第2代長官）と阿南久氏（第3代長官）から回答を得て、次の2つのことを確認できたという。すなわち、（1）生活者概念は企業の多様なステークホルダー全てを包摂した概念であり、特に消費者を代表すること、したがって、消費者庁は国民・市民全体の消費生活・市民生活に資することが求められること、（2）消費者庁の総合調整機能を担保する場として実務レベルでの多様な会議・会合が用意されていること、それらの会議・会合を利用することで消費者庁は総合調整機能を実質化できること、またそのような総合調整機能が不十分な場合にも消費者庁長官の行動力によって消費者問題を現場レベルで解決の方向へ向かわせることができること、という2つのことが確認できたという。

　以上のように、第1章から第3章まで消費者庁について議論したうえで、第4章では、内閣府消費者委員会の設置経緯、機能・権限、および課題について論じている。最初に、内閣府消費者委員会は、有識者からなる消費者行政推進会議と当時の閣議（福田康夫内閣）および国会（衆参両院）による議論を経て設置されたことを記述している。次に、内閣府消費者委員会は法的根拠を以て消費者庁と共に日本の消費者行政の推進役となっていることを確認している。その上で、同委員会は国民生活審議会などが有していた審議会機能だけでなく、消費者オンブズマン的監視機能を担うこと、その独立性は証券取引等監視委員会の独立性に準ずること、委員の人選はそのような独立性をもって消費者行政に消費者目線を導入するように行われることを著者は論じている。最後に、著者は消費者委員会の権限行使、組織、会議運営について課題を指摘している。権限行使について、消費者委員会は、他の政府機関と同様、内閣総理大臣や各行政機関の長（各所管大臣）への勧告権を行使せず、各種官庁に対する建議や提言などの発出権限を多用しているという。このような状況から、著者は勧告権の法的設定は無意味であるとし、建議や提言などに関する権限の整備を進めるべきであるとしている。消費者委員会の調査審議に関する権限（各種行政機関に対する資料提出要求権など）の行使は、それに関わる政令を遵守しない意思決定方法や、委員会全体と個人の権限の法令の整備が不十分である

ことにより、重大な制約を受けているという。政府全体の消費者行政に対する監視機能についても、政務三役（各省の大臣・副大臣・政務官）と政権の意向に従うことを求める圧力に晒されており、その独立性が危ぶまれる状況であるという。組織運営について、予算と人員数の不足、業務の効率化、監視機関としての独立性の強化が課題であり、消費者庁のサポートを受けているという。会議運営について、消費者（団体）の代表委員を増やすこと、消費者委員会の委員長と各委員ならびに消費者行政担当の政務三役の役割や権限を整備・改善すること、各委員の平等な発言権と多数決原理の徹底（全会一致の「異議無し決議」の廃止）が課題であるという。

## 3.　所　　感

　以上、本書の構成順序にしたがってその概要を記述してきた。この記述を通じて、本書は、日本の消費者行政の主体である消費者庁と内閣府消費者委員会の理念・目的、役割および課題を考察したものであることがわかるだろう。以下では、このような本書に対する筆者の所感を記しておく。
　「企業倫理の社会的制度化」とは故・中村瑞穂教授の言である。その意味するところは、企業行動の倫理性の実現は個別企業における経営倫理の強化のための自主的取り組みだけでなく社会的規模での支援体制を条件とするということである。企業不祥事を防止し、より良い市民社会を構築するために、企業や業界団体による自主的な CSR や企業倫理だけでなく行政による規制ないし啓発が重要となるという本書の問題意識は、この「企業倫理の社会的制度化」という議論に基づいていると思われる。消費者庁と内閣府消費者委員会の設置、およびそれらによる活動は、企業行動の倫理性を実現するための社会的規模での支援体制の構築、すなわち企業倫理の社会的制度化の一つといえよう。しかし、このような著者のスタンスは本書の底流をなしており、明記されていない。言い換えれば、経営学における企業倫理の先行研究との関連性が明示されていない。そのため、経営学における本書の意義と貢献について著者はどのように考えているのかが不明確である。

本書は、日本の消費者行政の考察に終始しており、企業倫理とCSRとの関連性について議論を欠いている。本書の問題意識、ならびに企業倫理とCSRの概念規定は前著『企業倫理研究序論』の内容を継承するとしても、本書においても、企業や業界団体による自主的な取り組みとその限界を考察し、消費者行政がその限界を克服することに貢献しうることを論じる必要があったと思われる。消費者庁とその長官の行動がある消費者問題を解決したという事例が第3章において2、3紹介されている。しかし、これをもって企業や業界団体による企業倫理とCSRに関する自主的取り組みの限界を克服したとすることは無理があろう。実際に、消費者庁と内閣府消費者委員会が存在する現在においても、企業を原因とする消費者問題は発生し続けているからである。また、本書は、消費者行政による規制や啓発の限界について議論ないし指摘をしていない。企業倫理の社会的制度化という視点に基づくならば、企業倫理に関する官主導の社会的規制ないし支援だけでなく、企業や業界団体による経営倫理の強化のための自主的な取り組みも条件となることも論じる必要があろう。

　掛かる本書の経営学研究における意義を筆者なりに推察するならば、企業行動の倫理性を確立するための社会的制度（＝消費者庁と内閣府消費者委員会による消費者行政）の構築プロセスを明らかにしていること、ならびに企業倫理の社会的制度の創設の課題が論じられたことにあろう。これらのことが企業や業界団体による企業倫理およびCSRに関する自主的取り組みとどのように関連し、企業行動の倫理性の実現に資するのかは、今後の研究課題である。

注
1）前著『企業倫理研究序論』によれば、企業の社会的責任（corporate social respon-sibility; CSR）とは企業に対して社会が課す責任であり、企業倫理（business ethics）は企業が内発的に自己規制するための企業内部の倫理的価値観であるという。現代資本主義におけるCSRや企業倫理は、個別的・特殊的にではなく企業全体・社会全体の問題として論じられるべきであるという。企業倫理研究には、大別して、ステークホルダーとの関係を反映させた企業倫理の制度化を目指す経営学的アプローチと、普遍的規範に基づく意思決定を可能にする組

織を構築することの重要性を論じる、応用倫理学の一領域たる企業倫理学があるという。CSR や企業倫理は本来個別企業が自由に設定するものではないが、実際には企業の戦略的行動として立ち現れているため、「企業倫理の社会的制度化」や「立法の精神」が必要であるという。詳細は、山下裕介著『企業倫理研究序論─経営学的アプローチと倫理学的考察─』文理閣、2017 年 を参照。

（やまだまさとし／駒澤大学）

# The Chinese Socialist Market Economy
# on a Course Correction

Nobuhiko NAKAYA（Nagoya University）

Chinese Communist Party decided in 1992, after the end of the Cold War, on a transition to the socialist market economy, building a unique market economic structure under which state-owned enterprises controlled the commanding heights of the economy, such as important industries and enterprises, while the party controlled the national government. The Chinese Communist Party expanded the scale of state-owned enterprises by concentrating social funds on the state-owned enterprises and incentivizing management through a results orientation based on sales and profit growth, while the government maintained control of leading state-owned enterprises as a major shareholder through capital increases by issuing new shares at market prices. By maintaining its influence over state-owned enterprises in a market economy, the Party was able to secure the political leeway to carry out large-scale development of private-sector and foreign-affiliated enterprises while maintaining the socialist system.

China's socialist market economy grew to become the world's second-largest economy through rapid economic growth, forming a powerful counter to the neoliberalism and Washington Consensus that had been widely accepted around the world after the end of the Cold War. Western nations referred to this threat as "state capitalism." But the Communist Party was forced to respond to a number of serious internal contradictions that resulted from the rapid shift to a market economy and economic growth in China, such as income disparities, corruption, money worship, labor disputes, and environmental pollution.

When the conservative Xi Jinping took power in 2012, the Chinese Communist Party revised its policy of prioritizing economic growth, beginning a course correction of the socialist market economy. The main details of this correction addressed the neoliberal tendencies that had arisen within the socialist system while prioritizing economic growth. Examples included a crackdown on corruption, rejection of an overemphasis on GDP-based results, an emphasis on a "Five-Sphere Integrated Plan", a political campaign that stressed a return to the original aspirations of socialism, eradication of poverty, and advocation of "common prosperity." Even the state-owned enterprises, an important force in the socialist system's economy, began in 2015 measures such as rejection of values that emphasized goals such as maximization of shareholder value, correction of an overemphasis on results through SOE classification reform, reinforcement of political controls on core management, and enhancement of auditing and of holding managers responsible.

While there remains room for improvement, by 2022 these course corrections basically had been achieved at state-owned enterprises. However, simultaneous measures such as development of stated-owned investment funds and enhancement of the mixed ownership economy, which had been planned in order to maintain the vitality of state-owned enterprises, proved challenging, and reforms continue today toward their realization.


## New Features of Labor Relations in "New Normal" China: the "Labor Contract Law" was enforced from 2008

DOU Shaojie（Ritsumeikan University）

In this article, we examined the most significant feature of China's economy and society that has emerged in the "new normal," namely the shift from "American learning" to "German and Japanese learning," and organized some new features of labor relations in Chinese companies in recent years.

As reported in newspapers, the minimum wage has risen significantly in various parts of China in recent years, and cheap labor costs, which have been one of the important sources of competitiveness for China's manufacturing industry, are no longer relatively cheap. Due to other circumstances, China is losing its position as "The World's Factory". Since 2008, the Chinese government has been actively changing its policies, trying to transform the Chinese economy from a "labor-intensive" economy to a "technology-intensive" economy. In addition, due to the impact of the Bankruptcy of Lehman Brothers, China's economic growth has slowed down since 2012, and the economic growth rate has entered the "New Normal" period of 6-7%. Furthermore, since 2008, the "Labor Contract Law," which promotes worker protection and long-term employment, has been enforced, and the labor risks associated with this have increased rapidly for companies. In such an economic environment, new labor relations are beginning to emerge in Chinese production sites, and the following four characteristics, which were mainly examined in this article, are emerging: 1) the introduction of a "professional qualification system" in companies; 2) changes in China's "achievement-oriented" approach; 3) the reappearance of long-term (lifetime) employees; and 4) the expansion and confusion of outsourcing and non-regular employment.

However, since the US-China Trade War broke out in 2018 and the world was hit by the large-scale spread of the COVID-19 in 2020, the political and economic situation in China and around the world has deteriorated rapidly. In such an unstable situation of internal and external troubles, labor relations in China are also constantly changing. To properly understand China's rapidly changing economy and society, it is necessary to continue observing labor relations in China while conducting on-site surveys at companies.

# Geopolitical Tensions and "Building Resilient Supply Chains": Correction of Extreme Globalization and Restoration of Government Involvement

Yasuhito MORIHARA（Sensyu University）

The author understands that the post-2020s world is in the process of correcting the extreme globalization triggered by geopolitical tensions. Here, there is a limit to addressing the business uncertainties arising from geopolitical conflicts at the industry/firm dimension. This is because the focus of the problem here is the concentration in a particular country/region itself, which more or less requires reorganization or partial substitution of the entire supply chain. Therefore, there is a move to rethink the supply chain through active government orientation.

So how should the movement be understood? Is it a complete unwinding of globalization — a return to protectionism and heavy commercialism, as some extreme arguments suggest? Or are these developments a temporary reversal of the main trend and an inconsequential issue in the big picture? This paper explores this question within the framework of policy development, examining the historical significance of the policy of "building resilient supply chains" that the Biden administration and other major countries have uniformly advocated.

This paper will begin with a review of the history of the U.S. government's policy trends over the last three administrations, with a focus on the semiconductor industry supply chain. Then, considering the Chinese government's "impatience" based on a relative evaluation of the technological levels between the U.S. and China, we will analyze the basis for the U.S. to take political control of the GSC in spite of this. Subsequently, we will examine the reasons why the U.S. is embarking on political control of the GSC. We would also like to clarify that this policy is positioned as a trend called "weaponization of interdependence". Finally, I will discuss the implications that the above process may have for globalization. In a nutshell, it can be summed up as the correction of extreme globalization and the restoration of government involvement.

# Management Issues in Worker Cooperatives in Japan: Toward Realizing Democratic Management

Noriko MATSUMOTO（Komazawa University）

Worker cooperatives are businesses owned and controlled by their workers. In Japan, the Worker Cooperatives Act went into effect on October 1, 2022. However, after the enforcement of the law, various management issues among worker cooperatives have become apparent; consequently, there is a need to deeply consider the labor and management issues in worker cooperatives.

Therefore, this paper analyzes the various management issues faced by worker cooperatives in Japan and discusses the next steps toward achieving democratic management.

# Changes in Personnel Networks Built through Interlocking Directorates including Second- and Third-party Enterprises in Germany: Cases of Deutsche Bank AG, Allianz SE, ThyssenKrupp AG, Bayer AG, Siemens AG, and Daimler AG

Toshio YAMAZAKI（Ritsumeikan University）

Large business systems based on ties between industries and banks and between industrial enterprises were the cornerstone of German capitalism's accumulation structure. These connective processes demonstrated important developments in the postwar German corporate domain. Industrial systems based on inter-firm relationships are closely related to the cooperative characteristics of German capitalism. A core element of such inter-firm relationships was based on personnel connections through interlocking directorates between industrial enterprises and banks and between industrial enterprises. Personnel networks have been an important element of the German system called "die Deutschland AG." The post-war German basic system of personnel ties was built in the late 1960s after the 1965 Corporations Law enactment that regulated the number of supervisory board positions that one person may hold. This system was maintained for a long time until changes began to occur. In the 1990s, personnel connections based on the interlocking directorates faced tremendous alterations. So, how has the interlocking directorates' system evolved?

The purpose of this paper is to clarify changes in personnel networks built through interlocking directorates between a company and second-party enterprises and between these second- and third-party enterprises in Germany. Using the methodology of social network analysis, this paper investigates the personnel networks of large representative enterprises in six different industries; two are the banking and insurance industries in the financial sector, and remaining four are in the iron and steel, the chemical, the electrical, and the automobile industries in the manufacturing sector. Based on the dates of *Handbuch der Grossunternehemen 2017*," cases of Deutsche Bank AG, Allianz SE, ThyssenKrupp AG, Bayer AG, Siemens AG, and Daimler AG are considered. In this paper, the actual conditions of personnel network changes are compared using the situations identified at the end of the 1960s.

# 『比較経営研究』 投稿規程

## 1）投稿資格
原則として、当学会会員とする。

## 2）投稿内容
経営の比較研究に関する学術論文（以下論文。統一論題報告にもとづく論文、自由論題報告にもとづく論文、自由投稿論文を含む）、研究ノート、大会ワークショップ、ミニ・シンポ等の記録、書評等とし、未発表のものに限る。二重投稿は厳に禁止する。

## 3）原稿字数
論文および研究ノートは20,000字（英文の場合は7,500語）以内、大会ワークショップ、ミニ・シンポ等の記録および書評は7,000字（英文の場合は2,550語）以内とする。この文字数には、本文のほかに図表、注、参考文献も含まれるものとする。

## 4）使用言語
審査および印刷の関係上、使用言語は日本語、英語のいずれかとする。

使用言語が母語でない場合は、使用言語を母語とする者の点検を受けたうえで原稿を提出すること。

十分な点検を受けていない原稿は受理しない。

## 5）執筆要領
別に定める「執筆要領」にしたがうこととする。

## 6）原稿審査
論文あるいは研究ノートとして提出された原稿は、統一論題報告にもとづく論文を除き、審査の上掲載を決定する。原稿の審査は、1篇につき編集委員会が依頼する2名の会員により行う。なお、審査の過程において、編集委員会より、原稿の手直しや、論文から研究ノートへの変更を求めることがある。

この求めに投稿者が同意できない場合、投稿者は原稿の投稿自体を取り消すことができる。

## 7）投稿方法
原稿審査（査読）の対象となる投稿は、編集委員長が定める原稿締め切り日までに、「投稿原稿送り状」とともに原稿の電子ファイルを編集委員長に投稿すること。その他の原稿についても、編集委員長が定める原稿締め切り日までに提出すること。

8）規程の施行と改正

本規程は、2004 年 9 月 4 日より施行する。

本規程は、2007 年 5 月 12 日に一部を改正した。

本規程は、2007 年 5 月 12 日より施行する。

本規程は、2011 年 5 月 13 日に一部を改正した（3）および 7））。

本規程は、2011 年 5 月 13 日より施行する。

本規程は、2015 年 5 月 9 日に一部を改正した。

本規程は、2015 年 5 月 9 日より施行する。

本規程は、2022 年 5 月 13 日に一部を改正した。

本規程は、2022 年 5 月 13 日より施行する。

本規程改正は、理事会の承認によって行う。

# 『比較経営研究』 執筆要領

1) 原稿の文字数、枚数について

　　イ）原稿用紙はA4用紙を使用し、1頁あたり40字×30行、横書きとする。活字は10.5ポイントのものを使用する。英文の場合はA4用紙にダブル・スペースで印字する。

　　ロ）論文および研究ノートの原稿の文字数は、行単位によって計算する。本文、注、図表、文献リストを含めて、全角40字×40行、12.5枚（500行、20,000字）以内を基準とする。

2) 英文アブストラクトについて

　　論文および研究ノートは、英文アブストラクト（30行以内）を巻末に一括して掲載するので、執筆者は英語を母語とする人からチェックを受けたものを用意し、最初のページに添付する。

3) 原稿の提出について

　　イ）原稿は、電子ファイルを編集委員長宛に送付するものとする。

　　ロ）論文および研究ノートは、別紙「投稿原稿送り状」に必要事項を記入し、原稿とともに提出する。

4) タイトル・目次・本文について

　　イ）本文の冒頭にタイトル、氏名、勤務先（所属）を付記する。例「経営太郎（比較大学)」

　　ロ）大学院生の場合は所属を「経営太郎（比較大学・院)」と表記する。

　　ハ）原稿審査（査読）の対象となる投稿の場合、原稿には氏名、勤務先（所属）を付記しない。

　　ニ）章・節・項の見出しは、それぞれ1、(1)、①とし、「項」以下の見出しはa)、b)、c) とする。

5) 注・文献リストについて

　　イ）本文中、当該箇所の右肩に1)、2) のようにつける。

　　ロ）注および文献リストは、本文の文末にまとめて付す。

　　ハ）一つの注のなかで複数の文献を列挙するときは、長くなる場合でも改行をしないことを原則とする。

6) 図表について

　　イ）図および表はそのまま印刷できるような鮮明なものを用意する。印刷所で新たに作る場合は実費負担を求めることもある。

ロ）図表の番号と標題を、図の場合は図の下に、表の場合は表の上に記す。図1、図2、表1、表2のように図表は別々に、一連の番号を用いる。

ハ）図や表の典拠などは図や表の下に注記する。

ニ）図や表は、原稿の本文中か、末尾に一括して添付するものとする。

○ 著者校正を実施するが、編集上の重大な誤りを防ぐ目的であり、新たな文章を加えないものとする。

○ 著者校正は再校までとする。それ以降に発生する費用は、著者が要した実費を負担することとする。

○ 予め決められた原稿字数と原稿締め切り日を厳守するものとする。

［付則］2004 年度第 2 回理事会（2004 年 9 月 4 日）改正

［付則］2007 年度第 3 回理事会（2007 年 5 月 12 日）改正

［付則］2010 年度第 2 回理事会（2011 年 5 月 13 日）改正（3）の一部

［付則］2016 年度第 2 回理事会（2017 年 5 月 12 日）改正（1）、2）、5）および○の一部ならびに追加 6））

［付則］2022 年度第 2 回理事会（2022 年 5 月 13 日）改正

# 編集後記

『比較経営研究』第48号が刊行の運びとなりました。本号は、2023年5月12日（金）から14日（日）の日程で東海国立大学機構・岐阜大学で開催された日本比較経営学会第48回全国大会における統一論題「新自由主義的経営実践のリセット—中国とインドの企業経営—」での報告と自由論題セッションでの報告をベースにしております。

本学会は3年間にわたって「ポスト株主資本主義の企業経営」を追究してきました。第48回大会と本号はその最終年度にあたるものです。

特集の冒頭の小西豊会員（プログラム委員長）による「特集によせて」は、特集の趣旨説明として編集委員会が依頼したものです。大会での統一論題報告をもとにした中屋信彦、竇少杰、森原康仁の3人の会員の論文は、編集委員会が寄稿を依頼したものです。

田中宏会員の講演録は、編集委員会が依頼して、大会の際の理事長講演「わたしの比較経営研究の歩みと学会の未来形」の一部を再構成していただき掲載しております。

松本典子会員、山崎敏夫会員の論文は査読を経て掲載を決定したものです。書評では、2人の会員の著書を取り上げて、専門分野が隣接する会員に寄稿いただきました。

『比較経営研究』第48号の刊行にあたりまして、投稿していただきました会員の皆様ならびに、ご多忙のところ査読をお引き受けいただきました会員の皆様に心より御礼を申し上げます。

最後になりましたが、今号の刊行に際しましても文理閣編集長山下信様には多大なご尽力を賜りました。厚く御礼申し上げます。編集委員各位にも感謝いたします。引き続き本誌『比較経営研究』が刊行され、学術の発展に寄与することを願ってやみません。

2024年3月

日本比較経営学会　学会誌編集委員会委員長　細川　孝

**日本比較経営学会**

Japan Association for Comparative Studies of Management

「企業経営の理論と現実を市場・社会体制との関連で比較研究する」ことを目的に、1976 年 4 月創立された。年次研究大会、部会の開催および学会誌の刊行などの研究交流事業を行っている。本学会はこれまでに『会社と社会―比較経営学のすすめ―』（文理閣、2006 年）、その英語版である Business and Society -New Perspective for Comparative Studies of Management, Bunrikaku Publisher, 2007 などを刊行してきた。

本学会の概要、加入方法、連絡先については以下の本学会ホームページに掲載している。http://www.soc.nii.ac.jp/jascsm/index.html

地政学的緊張と中国・アジアの企業経営

比較経営研究　第 48 号

2024 年 3 月 30 日　第 1 刷発行

編　者　日本比較経営学会

発行者　黒川美富子

発行所　図書出版　文理閣
　　　　京都市下京区七条河原町西南角　〒 600–8146
　　　　電話 075–351–7553　FAX 075–351–7560

ISBN978–4–89259–952–1